# Betriebswirtschaftslehre/ Rechnungswesen AK 8

## für die 8. Jahrgangsstufe an sechsstufigen Realschulen

Stefan Harbauer, Weiden; Maria Kinzinger, Neumarkt (Opf.); Robert Kotouc, Bad Aibling; Günther Loibl, Landshut; Christian Marchl, Schöllnach; Lothar Öttl, Passau; Werner Risser, Bad Staffelstein; Walter Schraml, Sulzbach-Rosenberg

# Arbeitsheft

**AK 8**

4. Auflage 2009 – Buch-Nr. 6808 – Aktualisierte Auflage 2012
ISBN 978-3-89650-247-6

Verlag Ernst Vögel
Stamsried

Bildnachweis: picture-alliance / dpa-infografik
(Seiten 61, 137, 141, 186, 194, 198, 213)
Stefan Harbauer, Weiden
Maria Kinzinger, Neumarkt (Opf.)
Robert Kotouc, Bad Aibling
Christian Marchl, Schöllnach
Lothar Öttl, Passau
Werner Risser, Staffelstein
Walter Schraml, Sulzbach-Rosenberg
Verlag Vögel, Stamsried
Shutterstock, Inc.
(Seiten 3, 5–6, 16–18, 42–47, 54–56, 87, 145, 150, 152–153, 160, 167, 174, 179–180, 198, 207, 209, 218, 240–243, 259–261, 264–265, 270)

Karikaturen: Earl Schäfer, Marktheidenfeld



Herstellung: Druck+Verlag Ernst Vögel GmbH · D-93491 Stamsried

## Vorwort für Schülerinnen und Schüler

1. Dieses Arbeitsheft enthält alle Aufgaben aus dem Lehrbuch „Betriebswirtschaftslehre/Rechnungswesen AK 8“ in der gleichen Nummerierung und bietet dir den erforderlichen Platz für eine

   • klare,

   • saubere,

   • und übersichtliche

   Darstellung der Lösungen. Für die Richtigkeit der Einträge musst du allerdings selbst sorgen.

2. Der Abdruck der Aufgabentexte bietet dir außerdem die Möglichkeit, bei der Vorbereitung auf die Abschlussprüfung den Prüfungsstoff zu wiederholen und zu sichern. Bewahre also dieses Arbeitsheft auf!

Soweit nicht anders vermerkt, gilt ein Umsatzsteuersatz von 19 %.

Das Autorenteam wünscht dir viel Erfolg.

## Vorwort für Kolleginnen und Kollegen

Das zum Lehrbuch AK 8 gehörige Arbeitsheft soll sich bei der Unterrichtsorganisation und bei den Hausaufgaben zeitsparend auswirken und mithelfen, die Schülerinnen und Schüler zu einer selbstständigen und gewissenhaften Arbeits- und Darstellungsweise zu erziehen.

Das Autorenteam

# Inhaltsverzeichnis

# 1 Wiederholen und Üben

### Aufgabe 1

Erstelle eine Mind-Map zu den Begriffen:

1. Rechtsform,
2. Umweltschutz,
3. Wirtschaftliches Handeln in der Familie,
4. Bilanz.

### Lösung 1

Lösung 1 (Fortsetzung)

## Aufgabe 2

1. Der Einkaufsabteilung der Möbelfabrik Hans Glück liegen von zwei Lieferern die Angebote für die Lieferung von Lärchenholz vor. Welcher Lieferer hat das günstigere Angebot?

HOLZHANDLUNG
ANTON WEIKL
Waldstraße 3 · 93413 Cham
Telefon: 09971 1462 · Fax: 09971 4208
E-Mail: Weikl@d-online.xyz

FSC- und PEFC-zertifiziert

HOLZHANDLUNG ANTON WEIKL E. KFM. · Waldstraße 3 · 93413 Cham

Möbelfabrik
Hans Glück
Rachelstraße 6–8
93059 Regensburg

Cham, 26. September 20..

**ANGEBOT**

Sehr geehrter Herr Glück,

bezugnehmend auf Ihre telefonische Anfrage bieten wir Ihnen 50 m³ Lärchenholz für 340,00 EURO je m³ netto an. Sie erhalten einen Rabatt in Höhe von 5 %.

Zahlungsziel: 2 Monate. Bei Zahlung innerhalb von 10 Tagen gewähren wir 2 % Skonto.
Die Lieferung erfolgt frei Haus.

Mit freundlichen Grüßen

*Anton Weikl*

Bankverbindung: Handelsbank Cham · BLZ 750 500 30 · Konto-Nr.: 695446
Anton Weikl, e. Kfm. · Cham HRA 1652

---

SÄGEWERK
**KRANZHORN GMBH**
**Tatzelwurm 100 · 83098 Brannenburg**
**Telefon: 08034 3040 · Telefax: 08034 3050**
**E-Mail: info@kranzhorn.xyz**

FSC- und PEFC-zertifiziert

SÄGEWERK KRANZHORN GMBH · Tatzelwurm 100 · 83098 Brannenburg

Möbelfabrik
Hans Glück
Rachelstraße 6–8
93059 Regensburg

**ANGEBOT**
Datum: 27. September 20..
Kunden-Nr.: 539254
Anfrage: 25. September 20..
Sachbearbeiterin: Frau Oberauer

Sehr geehrter Herr Glück,

bezüglich Ihrer telefonischen Anfrage dürfen wir Ihnen wie folgt anbieten:
50 m³ Lärchenholz je 350,00 EURO, netto
Rabatt 10 %.

Für die Lieferung werden netto 50,00 EURO Transportkosten berechnet.

Zahlungsziel: 2 Monate.

Mit freundlichen Grüßen

*Sepp Kranzhorn*

Bankverbindung: Genossenschaftsbank Brannenburg · BLZ 720 560 10 · Kontonummer: 223040
Sitz der Gesellschaft: 83098 Brannenburg · Handelsregister Traunstein HRB Nr. 1429
Geschäftsführer: Josef Kranzhorn · Steuer-Nr. 9156/160/13175 · USt-IdNr. DE146064689

---

2. Hans Glück entscheidet sich für das Angebot des Sägewerks Kranzhorn.

2.1 Entnimm der Eingangsrechnung Informationen zu folgenden Sachverhalten: Anschrift des Lieferers, Rechtsform des Lieferers, Rechnungsnummer, Rechnungsdatum, Fälligkeit, Umsatzsteuersatz, Lieferbedingung und Bankverbindung.

2.2 Bilde den notwendigen Buchungssatz zu dieser Rechnung.

SÄGEWERK
**KRANZHORN GMBH**
**Tatzelwurm 100 · 83098 Brannenburg**
**Telefon: 08034 3040 · Telefax: 08034 3050**
**E-Mail: info@kranzhorn.xyz**

FSC- und PEFC-zertifiziert

SÄGEWERK KRANZHORN GMBH · Tatzelwurm 100 · 83098 Brannenburg

Möbelfabrik
Hans Glück
Rachelstraße 6–8
93059 Regensburg

**RECHNUNG**
Rechnungsnummer: 2062340
Datum: 18. September 20..
Lieferdatum: 18. September 20..
Kundennummer: 539254
Bestellung: 17. September 20..
Sachbearbeiterin: Frau Oberauer

| ART.-NR. | MENGE | BEZEICHNUNG | EINZELPREIS | GESAMTPREIS |
|---|---|---|---|---|
| 1 | 50 m³ | Lärchenholz | 350,00 Euro | 17.500,00 Euro |
| | | | | 17.500,00 Euro |
| | | | – Rabatt 10 % | 1.750,00 Euro |
| | | | | 15.750,00 Euro |
| | | | + Frachtkosten | 50,00 Euro |
| | | | | 15.800,00 Euro |
| | | | + Umsatzsteuer 19 % | 3.002,00 Euro |
| | | | Rechnungsbetrag | 18.802,00 Euro |

Zahlbar ohne Abzug innerhalb 60 Tagen.

Bankverbindung: Genossenschaftsbank Brannenburg
BLZ 720 560 10 · Kontonummer: 223040

Sitz der Gesellschaft: 83098 Brannenburg
Handelsregister Traunstein HRB Nr. 1429

Geschäftsführer: Josef Kranzhorn
Steuer-Nr. 9156/160/13175 · USt-IdNr. DE146064689

3. Bilde für folgenden Beleg (Kontoauszug) den Buchungssatz.

**Kontoauszug** Kontonummer: 500 306 Auszug: 84 **A-Bank Regensburg**

IBAN DE72750950000000500306 Datum: 19. 10. 20.. Blatt: 01

BIC ABNKDEFF

| Vorgang/Buchungsinformation | Buchung | Wertstellung | Umsatz in Euro |
|---|---|---|---|
| Lastschrift – Überweisung an Sägewerk Kranzhorn, Re. 2045330 | 18. 10. | 18. 10. | 18.802,00 – |

A-Bank Regensburg · D-93059 Regensburg

Möbelfabrik
Hans Glück
Rachelstraße 6–8
93059 Regensburg

| | | |
|---|---|---|
| Zahlungseingänge | EUR | 0,00 + |
| Zahlungsausgänge | EUR | 18.802,00 – |
| Alter Kontostand | EUR | 30.328,00 + |
| Neuer Kontostand | EUR | 11.526,00 + |

| | | | | | |
|---|---|---|---|---|---|
| Postanschrift: | Direkt-Service: | Tel.: 0180 304060 | Telefax: | 0941 516947 | |
| A-Bank Regensburg | Telefon-Banking: | Tel.: 0180 304070 | E-Mail: | info@a-bank.xyz | Bankleitzahl |
| 93059 Regensburg | Erreichbarkeit: | 7x24 Stunden | Internet: | http://www.a-bank.xyz | 750 950 00 |

**Lösung 2**

**Aufgabe 3**

1. Der Möbelfabrik Hans Glück liegen folgende fünf Belege vor. Bilde hierfür die Buchungssätze.

Beleg 1:

Möbelfabrik Hans Glück

Rachelstraße 6–8 • 93059 Regensburg
Telefon: 0941 150250 • Fax: 0941 150260
E-Mail: service@glueck.xyz
Internet: http://www.hans-glueck.xyz

FSC- und PEFC-zertifiziert

Hans Glück • Rachelstraße 6–8 • 93059 Regensburg

Herrn
Florian Bauer
Rosengasse 12
93059 Regensburg

| Rechnung | |
|---|---|
| Rechnungsnummer: | 9030 |
| Datum: | 20. September 20.. |
| Kundennummer: | 270100 |
| Bestellung: | 03. September 20.. |

Wir lieferten Ihnen frei Haus am 16. September 20..:

| Pos. | Artikel/Bezeichnung | Menge | Einzelpreis EUR | Gesamtpreis EUR |
|---|---|---|---|---|
| 1 | Büroschränke Typ „Fix" | 3 | 849,00 | 2.547,00 |
| | | | Warenwert | 2.547,00 |
| | | | + 19 % Umsatzsteuer | 483,93 |
| | | | Rechnungsbetrag | 3.030,93 |

Wir danken für Ihren Auftrag.

Zahlungsbedingungen: Zahlbar innerhalb von 30 Tagen.
Die gelieferte Ware bleibt bis zur vollständigen Bezahlung unser Eigentum.
Bankverbindung: A-Bank Regensburg • BLZ 750 950 00 • Kontonummer: 500306
Hans Glück, e. Kfm. • Amtsgericht Regensburg HRA 4999
USt-IdNr. DE298145299 • Steuer-Nr.: 9244/211/50550

Beleg 2:

**Kontoauszug** Kontonummer: 500 306 Auszug: 36 **A-Bank Regensburg**
IBAN DE72750950000000500306 Datum: 21. 09. 20.. Blatt: 01
BIC ABNKDEFF

| Vorgang/Buchungsinformation | Buchung | Wertstellung | Umsatz in Euro |
|---|---|---|---|
| Überweisung an J. Wilhelm Re. 2045330 v. 08. 10. 20.. | 20. 09. | 20. 09. | 1.450,00 – |

A-Bank Regensburg • D-93059 Regensburg
Möbelfabrik
Hans Glück
Rachelstraße 6–8
93059 Regensburg

| | | |
|---|---|---|
| Zahlungseingänge | EUR | 0,00 + |
| Zahlungsausgänge | EUR | 1.450,00 – |
| Alter Kontostand | EUR | 20.520,00 + |
| Neuer Kontostand | EUR | 19.070,00 + |

Postanschrift: A-Bank Regensburg, 93059 Regensburg
Direkt-Service: Tel.: 0180 304060 – Telefax: 0941 516947
Telefon-Banking: Tel.: 0180 304070 – E-Mail: info@a-bank.xyz
Erreichbarkeit: 7x24 Stunden – Internet: http://www.a-bank.xyz
Bankleitzahl 750 950 00

Beleg 3:

**RWI Wärmeservice GmbH**

Benzstraße 4 • 93051 Regensburg
Telefon: 0941 146230 • Telefax: 0941 147020
E-Mail: service@rwi.xyz

RWI Wärmeservice GmbH • Benzstraße 4 • 93051 Regensburg

Möbelfabrik
Hans Glück
Rachelstraße 6–8
93059 Regensburg

| RECHNUNG | |
|---|---|
| Rechnungsnummer: | 00156027 |
| Datum: | 06. Dezember 20.. |
| Lieferdatum: | 06. Dezember 20.. |

| Pos. | Artikel/Bezeichnung | Schüttraummeter | Einzelpreis (EURO) | Gesamtpreis (EURO) |
|---|---|---|---|---|
| 1 | Hackschnitzel Wassergehalt 20 % | 30 | 132,00 | 3.960,00 |
| | | | Gesamt | 3.960,00 |
| | | | + 19 % USt. | 752,40 |
| | | | Rechnungsbetrag | 4.712,40 |

Vielen Dank für Ihren Auftrag!

Lieferung: Ab Lager, unbeladen. • Zahlbar ohne Abzug innerhalb 30 Tagen.
Bankverbindung: Sparbank Regensburg • BLZ 750 500 00 • Kontonummer: 66065060
Firmensitz: 93051 Regensburg • Geschäftsführer: Dr. Hugo Gros • Handelsregister Regensburg HRB 9260
USt-IdNr. DE129405000 • Steuer-Nr. 9244/120/17316

Beleg 4:

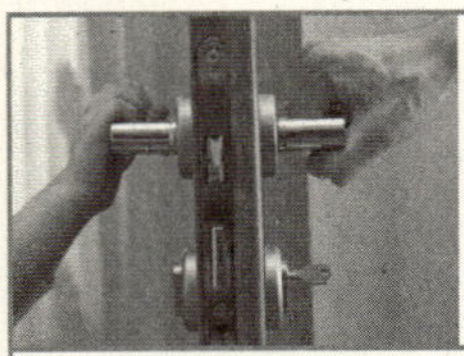

**LUDWIGWOLF**
Beschläge – Griffe – Scharniere
Bachstraße 7 • 63768 Hösbach
Telefon: 06021 54020-1 • Telefax: 06021 540310
E-Mail: Wolf@x-online.xyz

Fa. L. Wolf, e. Kfm • Bachstraße 7 • 63768 Hösbach

Möbelfabrik
Hans Glück
Rachelstraße 6–8
93059 Regensburg

Hösbach, 21. September 20..

RECHNUNG

| | | | |
|---|---|---|---|
| Ihre Bestellung: | 04. September 20.. | Kundennummer: | 502080 |
| Lieferdatum: | 21. September 20.. | Rechnungsnummer: | 0050210 |

Ansprechpartner: Herr Wahr (Telefon: 06021 54020-22)

| Art. Nr. | Menge | Bezeichnung | Einzelpreis (EURO) | Gesamtpreis (EURO) |
|---|---|---|---|---|
| 2060 | 100 St. | Griffe, Modell Exklusiv | 16,00 | 1.600,00 |
| | | | Summe | 1.600,00 |
| | | | – Rabatt 10 % | 160,00 |
| | | | Warenwert | 1.440,00 |
| | | | + Umsatzsteuer 19 % | 273,60 |
| | | | Rechnungsbetrag | 1.713,60 |

Vielen Dank für Ihren Auftrag!

Lieferung: Ab Werk. Zahlbar sofort nach Erhalt der Rechnung ohne Abzug.
Verkauf und Lieferung erfolgt ausschließlich nach unseren Verkaufs- und Lieferbedingungen.
Bankhaus Hösbach · BLZ 760 600 30 · Kontonummer: 2629100
Handelsregister Hösbach HRA 7684
USt-IdNr. DE812843350 · Steuer-Nr. 9204/215/10440

Beleg 5:

**Kontoauszug** Kontonummer: 500 306 Auszug: 37 **A-Bank Regensburg**
IBAN DE72750950000000500306 Datum: 22. 09. 20.. Blatt: 01
BIC ABNKDEFF

| Vorgang/Buchungsinformation | Buchung | Wertstellung | Umsatz in Euro |
|---|---|---|---|
| Auszahlung v. 21. 09. 20.. | 21. 09. | 21. 09. | 750,00 – |

A-Bank Regensburg · D-93059 Regensburg
Möbelfabrik
Hans Glück
Rachelstraße 6–8
93059 Regensburg

| | | |
|---|---|---|
| Zahlungseingänge | EUR | 0,00 + |
| Zahlungsausgänge | EUR | 750,00 – |
| Alter Kontostand | EUR | 19.070,00 + |
| Neuer Kontostand | EUR | 18.320,00 + |

| | | | | | |
|---|---|---|---|---|---|
| Postanschrift: | Direkt-Service: | Tel.: 0180 304060 | Telefax: | 0941 516947 | |
| A-Bank Regensburg | Telefon-Banking: | Tel.: 0180 304070 | E-Mail: | info@a-bank.xyz | Bankleitzahl |
| 93059 Regensburg | Erreichbarkeit: | 7x24 Stunden | Internet: | http://www.a-bank.xyz | 750 950 00 |

## Lösung 3

**Lösung 3 (Fortsetzung)**

**Aufgabe 4**

Bilde die Buchungssätze für folgende Geschäftsfälle:

| | |
|---|---|
| 1. Banküberweisung an den Lieferer | 1.625,00 € |
| 2. Verkauf von Fertigerzeugnissen auf Ziel, netto | 2.000,00 € |
| 3. Einkauf von Rohstoffen für die laufende Produktion auf Ziel, netto | 9.500,00 € |
| 4. Barkauf von Schmieröl, netto | 150,00 € |
| 5. Barabhebung vom Bankkonto | 1.200,00 € |
| 6. Banküberweisung eines Kunden | 14.280,00 € |

**Lösung 4**

**Aufgabe 5**

Formuliere die Geschäftsfälle für folgende Buchungssätze:

| | | | | |
|---|---|---|---|---|
| 1. AWF | 12.000,00 € | | | |
| VORST | 2.280,00 € | an | VE | 14.280,00 € |
| 2. KA | | an | BK | 2.000,00 € |
| 3. FO | 4.165,00 € | an | UEFE | 3.500,00 € |
| | | | UST | 665,00 € |
| 4. VE | | an | BK | 4.440,00 € |
| 5. AWR | 12.500,00 € | | | |
| BZKR | 500,00 € | | | |
| VORST | 2.470,00 € | an | VE | 15.470,00 € |
| 6. BK | | an | FO | 3.665,00 € |

**Lösung 5**

# 2 Vom Eröffnungsbilanzkonto zum Schlussbilanzkonto

## 2.1 Eröffnungsbuchungen (Eröffnungsbilanzkonto)

**Aufgabe 6**

1. Wie heißt ein sehr wichtiger Grundsatz der doppelten Buchführung?
2. Wie kann man die Eröffnungsbilanz vom Eröffnungsbilanzkonto unterscheiden?
3. Warum benötigt man das Eröffnungsbilanzkonto?
4. In der Bilanz zum 01. Januar ist bei der Position „Kassenguthaben“ ein Betrag von 1.280,00 € ausgewiesen. Bilde den Buchungssatz für die Eröffnung des Kontos Kasse.
5. In der Bilanz zum 01. Januar ist bei der Position „Langfristige Bankverbindlichkeiten“ ein Betrag von 22.800,00 € ausgewiesen. Bilde den Buchungssatz für die Eröffnung des Kontos Langfristige Bankverbindlichkeiten.

**Lösung 6**

**Aufgabe 7**

Das Fertigungsunternehmen Stefan Stark hat folgende Inventurbestände ermittelt:

| | |
|---|---:|
| Forderungen aus Lieferungen und Leistungen (FO) | 17.900,00 € |
| Verbindlichkeiten aus Lieferungen und Leistungen (VE) | 11.800,00 € |
| Maschinen und Anlagen (MA) | 62.500,00 € |
| Kurzfristige Bankverbindlichkeiten (KBKV) | 37.100,00 € |
| Bankguthaben (BK) | 3.950,00 € |
| Fuhrpark (FP) | 28.150,00 € |

1. Erstelle die Bilanz zum 01. Januar und ermittle das Eigenkapital (EK).
2. Erstelle das Eröffnungsbilanzkonto.
3. Bilde die Buchungssätze für die Eröffnung der aktiven Bestandskonten.
4. Bilde die Buchungssätze für die Eröffnung der passiven Bestandskonten.

**Lösung 7**

| Aktiva | | | Bilanz zum 01. Januar 20.. | | Passiva |
|---|---|---|---|---|---|
| | | | | | |
| | | | | | |
| | | | | | |
| | | | | | |
| | | | | | |
| | | | | | |

**Lösung 7 (Fortsetzung)**

S Eröffnungsbilanzkonto H

2.2 Laufende Buchungen

2.3 Vorabschlussbuchungen

2.4 Abschlussbuchungen

2.4.1 Abschluss der Erfolgskonten

2.4.2 Abschluss des Gewinn- und Verlustkontos

2.4.3 Abschluss der Bestandskonten

## 2.5 Bilanz zum 31. Dezember/Schlussbilanz

### Aufgabe 8

Prüfe, ob die nachfolgende Arbeitsanweisung eines Buchhalters in der richtigen Reihenfolge dargestellt ist. Berichtige die Reihenfolge, wenn nötig.

1. Eröffnungsbuchungen
   Eröffnung der Konten (Gegenkonto Eröffnungsbilanzkonto!)
2. Aufstellen der Bilanz zum 01. Jan. 20.. (Eröffnungsbilanz = Schlussbilanz des alten Geschäftsjahres!)
3. Aufstellen der Bilanz zum 31. Dez. 20.. (Schlussbilanz, Inventurwerte)
   Die Bilanz zum 31. Dez. 20.. (Schlussbilanz) und das Schlussbilanzkonto stimmen wertmäßig überein.
4. Vorbereitende Abschlussbuchungen
5. Abschlussbuchungen
   Abschluss der Erfolgskonten über GUV
   Abschluss des Kontos GUV über Eigenkapital
   Abschluss der Bestandskonten über SBK
6. Laufende Buchungen
   Kontierung der Geschäftsfälle und Buchen der Geschäftsfälle in den Konten

### Lösung 8

## 2.6 Zwei Möglichkeiten der Erfolgsermittlung

### 2.6.1 Vergleich von Aufwendungen und Erträgen

### 2.6.2 Eigenkapitalvergleich

### Aufgabe 9

Berechne und bezeichne die fehlenden Beträge.

| | | |
|---|---|---|
| 1. | Erträge | 114.650,00 € |
| | Aufwendungen | 86.980,00 € |
| | ????? | ????? € |

| | | |
|---|---|---|
| 2. | Erträge | ????? € |
| | Aufwendungen | 34.850,00 € |
| | Reinverlust | 2.470,00 € |

| | | |
|---|---|---|
| 3. | Eigenkapital (SB) | 753.980,00 € |
| | Eigenkapital (AB) | ????? € |
| | Reingewinn | 98.785,00 € |

| | | |
|---|---|---|
| 4. | Eigenkapital (SB) | 899.895,00 € |
| | Eigenkapital (AB) | 987.765,00 € |
| | ????? | ????? € |

### Lösung 9

**Aufgabe 10**

Berechne die fehlenden Werte.

| | | |
|---|---|---|
| 1. | Aufwendungen | 42.000,00 € |
| | Erträge | 64.000,00 € |
| | Eigenkapital am 01. Jan. | 150.000,00 € |
| | Eigenkapital am 31. Dez. | ????? € |
| 2. | Aufwendungen | 97.000,00 € |
| | Erträge | 148.000,00 € |
| | Eigenkapital am 01. Jan. | ????? € |
| | Eigenkapital am 31. Dez. | 251.000,00 € |
| 3. | Aufwendungen | 85.500,00 € |
| | Erträge | ????? € |
| | Eigenkapital am 01. Jan. | 345.700,00 € |
| | Eigenkapital am 31. Dez. | 329.200,00 € |
| 4. | Aufwendungen | ????? € |
| | Erträge | 173.300,00 € |
| | Eigenkapital am 01. Jan. | 498.000,00 € |
| | Eigenkapital am 31. Dez. | 467.000,00 € |
| 5. | Aufwendungen | 43.560,00 € |
| | Erträge | 87.940,00 € |
| | Eigenkapital am 01. Jan. | ????? € |
| | Eigenkapital am 31. Dez. | 271.480,00 € |
| 6. | Aufwendungen | ????? € |
| | Erträge | 98.790,00 € |
| | Eigenkapital am 01. Jan. | 144.440,00 € |
| | Eigenkapital am 31. Dez. | 143.330,00 € |
| 7. | Aufwendungen | 114.800,00 € |
| | Erträge | 183.700,00 € |
| | Eigenkapital am 01. Jan. | 462.320,00 € |
| | Eigenkapital am 31. Dez. | ????? € |
| 8. | Aufwendungen | 56.460,00 € |
| | Erträge | ????? € |
| | Eigenkapital am 01. Jan. | 123.450,00 € |
| | Eigenkapital am 31. Dez. | 156.780,00 € |

**Lösung 10**

**Aufgabe 11**

Führe den nachfolgenden Geschäftsgang durch (Fertigung von Kunststoffprodukten; USt. 19 %):

1. Eröffne die Konten.
2. Du benötigst noch weitere Konten: Aufwendungen für Rohstoffe (AWR), Aufwendungen für Hilfsstoffe (AWH), Umsatzerlöse für eigene Erzeugnisse (UEFE), Gewinn- und Verlustkonto (GUV), Schlussbilanzkonto (SBK).
3. Bilde die Buchungssätze.
4. Trage die Buchungssätze in die T-Konten ein.
5. Schließe die Konten ab.

A — Eröffnungsbilanz zum 01. Jan. 20.. — P

| A | | P | |
|---|---:|---|---:|
| Fuhrpark | 10.000,00 | Eigenkapital | 21.400,00 |
| Büroausstattung | 8.000,00 | Verbindlichkeiten aus LL | 6.000,00 |
| Forderungen aus LL | 1.000,00 | Umsatzsteuer | 4.000,00 |
| Vorsteuer | 900,00 | | |
| Bank | 9.000,00 | | |
| Kasse | 2.500,00 | | |
| | 31.400,00 | | 31.400,00 |

**Geschäftsfälle:**

| | |
|---|---:|
| 1. Zielkauf von Rohstoffen (Kunststoffgranulat) für die Produktion, netto | 3.100,00 € |
| 2. Verkauf von Fertigerzeugnissen (Kunststoffrohre) auf Ziel, netto | 7.000,00 € |
| 3. Kauf von Hilfsstoffen (Farben) bar, netto | 500,00 € |
| 4. Bareinzahlung auf das Bankkonto | 1.000,00 € |
| 5. Banklastschrift: Überweisung einer Eingangsrechnung | 476,00 € |
| 6. Verkauf von Fertigerzeugnissen (Kunststoffeimer) auf Ziel, netto | 10.000,00 € |
| 7. Banküberweisung durch einen Kunden | 4.760,00 € |
| 8. Banküberweisung an den Lieferer | 3.570,00 € |

**Lösung 11**

**Lösung 11 (Fortsetzung)**

S Eröffnungsbilanzkonto zum 01. Januar 20.. H

S FP H

S EK H

S BA H

S VE H

S FO H

S UST H

S VORST H

S AWR H

**Lösung 11 (Fortsetzung)**

| S | BK | H |
|---|---|---|

| S | UEFE | H |
|---|---|---|

| S | KA | H |
|---|---|---|

| S | AWH | H |
|---|---|---|

| S | GUV | H |
|---|---|---|

| S | Schlussbilanzkonto | H |
|---|---|---|

**Aufgabe 12**

Gustav Heubel ist ein bekannnter Bootsbauer in Landshut. Vor allem Kanus und Kajakboote seiner Firma Isar Bootsbau sind sehr gefragt. Als Mitarbeiter dieses Unternehmens hast du folgende Arbeitsaufträge zu erledigen:

1. Eröffne aufgrund der folgenden vereinfachten Bilanz die Buchführung mithilfe eines Eröffnungsbilanzkontos.

A — Bilanz zum 01. Jan. 20.. — P

| | | | |
|---|---|---|---|
| **Anlagevermögen** | | **Eigenkapital (EK)** | 377.000,00 |
| Maschinen und Anlagen (MA) | 350.000,00 | **Fremdkapital** | |
| Fuhrpark (FP) | 75.000,00 | Verbindlichkeiten aus LL (VE) | 123.000,00 |
| Büroausstattung (BA) | 25.000,00 | | |
| **Umlaufvermögen** | | | |
| Forderungen aus LL (FO) | 23.000,00 | | |
| Bank (BK) | 17.000,00 | | |
| Kasse (KA) | 10.000,00 | | |
| | 500.000,00 | | 500.000,00 |

2. Du benötigst noch weitere Konten:
   Vorsteuer (VORST), Umsatzsteuer (UST), Aufwendungen für Rohstoffe (AWR), Bezugskosten Rohstoffe (BZKR), Aufwendungen für Fremdbauteile (AWF), Aufwendungen für Hilfsstoffe (AWH), Umsatzerlöse für eigene Erzeugnisse (UEFE), Gewinn- und Verlustkonto (GUV), Schlussbilanzkonto (SBK).
3. Bilde für die sieben Belege die Buchungssätze und trage diese dann in die T-Konten ein.
4. Schließe die Konten ordnungsgemäß ab.

## Beleg 1:

**ÖKOPLAST Kunststoffgranulate GmbH**
Schneewittchenstraße 7 • 95447 Bayreuth
Telefon: 0921 2018-0 • Telefax: 0921 2018-10
E-Mail: info@oekoplast.xyz

Ökoplast Kunststoffgranulate GmbH • Schneewittchenstr. 7 • 95447 Bayreuth

Firma
Isar Bootsbau
G. Heubel
Isarstraße 73
84036 Landshut

**Rechnung**

| | |
|---|---|
| Rechnungsnummer: | 24867 |
| Datum: | 14. März 20.. |
| Lieferdatum: | 12. März 20.. |
| Kundennummer: | 44444 |
| Bestellung: | 08. März 20.. |

Wir danken für Ihren Auftrag und liefern gemäß unseren „Allgemeinen Lieferungs- und Zahlungsbedingungen“:

| Menge | Bezeichnung | Einzelpreis | Gesamtpreis |
|---|---|---|---|
| 400 kg | Kunststoffgranulat (Artikel-Nr. KG 2030) | 49,50 Euro | 19.800,00 Euro |
| | | | 19.800,00 Euro |
| | | + Frachtkosten | 200,00 Euro |
| | | | 20.000,00 Euro |
| | | + Umsatzsteuer 19 % | 3.800,00 Euro |
| | | **Rechnungsbetrag** | **23.800,00 Euro** |

Zahlbar innerhalb von 30 Tagen ohne jeden Abzug.
Die Ware bleibt bis zur vollständigen Bezahlung unser Eigentum (§ 455 BGB).
Bankverbindung: Ökobank Bayreuth • BLZ 712 400 00 • Kontonummer: 3471
Geschäftsführerin: Petra Plaste • Registergericht Bayreuth HRB 1934 • USt-IdNr. DE821146001 • St.-Nr. 9208/157/01234

## Beleg 2:

**Isar Bootsbau**
**G. Heubel e. K.**

Isarstraße 73
84036 Landshut
Telefon: 0871 2560 • Fax: 0871 2575
E-Mail: info@isar-bootsbau.xyz
Internet: http://www.isar-bootsbau.xyz

Isar Bootsbau • Isarstraße 73 • 84036 Landshut

Herrn
Tobias Schreiner
Haydnstraße 26
93059 Regensburg

**RECHNUNG**

| | |
|---|---|
| Rechnungsnummer: | 03459 |
| Datum: | 31. Juli 20.. |
| Kundennummer: | 007 |
| Bestellung: | 04. Februar 20.. |

Wir lieferten Ihnen „frei Starnberger See“ am 29. Juli 20..:

| Pos. | Artikel/Bezeichnung | Menge | Einzelpreis (EURO) | Gesamtpreis (EURO) |
|---|---|---|---|---|
| 1 | Segelboot | 1 | 40.000,00 | 40.000,00 |
| | | Warenwert | | 40.000,00 |
| | | abzüglich Sonderrabatt 5 % | | 2.000,00 |
| | | | | 38.000,00 |
| | | + Umsatzsteuer 19 % | | 7.220,00 |
| | | **Rechnungsbetrag** | | **45.220,00** |

Wir danken für Ihren Auftrag.

Zahlungsbedingungen: Zahlbar innerhalb von 30 Tagen netto.
Bankverbindung: Isar Bank Landshut • BLZ 715 151 50 • Kontonummer: 31074
Amtsgericht Landshut HRA 2456 • USt-IdNr. DE713342123 • St.-Nr. 9132/270/11222

**Beleg 3:**

**LENBACHFARBEN**

**Fachgroßhandel**
Allersberger Straße 300 • 90461 Nürnberg
Telefon: 0911 221462 • Fax: 0911 224208
Internet: http://www.lenbach-farben.xyz
E-Mail: info@lenbach-farben.xyz

FARBEUNDKOMPETENZ
FARBENLACKESPRITZTECHNIK

LUDWIG LENBACH e. Kfm. • Allersberger Straße 300 • 90461 Nürnberg

Firma
Isar Bootsbau
Isarstraße 73
84036 Landshut

RECHNUNG

| | |
|---|---|
| Rechnungsnummer: | 2579 |
| Datum: | 02. Oktober 20.. |
| Lieferdatum: | 02. Oktober 20.. |
| Kundennummer: | 05310 |
| Bestellung: | 30. September 20.. (E-Mail) |

| ARTIKEL | MENGE | EINZELPREIS | GESAMTPREIS |
|---|---|---|---|
| Bootsfarbe, weiß Nr. 725 | 100 kg | 4,00 Euro | 400,00 Euro |
| | | Netto | 400,00 Euro |
| | | + 19 % Umsatzsteuer | 76,00 Euro |
| | | **Rechnungsbetrag** | **476,00 Euro** |

Zahlungsziel: 30 Tage, ohne Abzüge.

Bankverbindung: Handelsbank Nürnberg • BLZ 750 500 40 • Kontonummer: 342223
Ludwig Lenbach, e. Kfm. • Amtsgericht Nürnberg HRA 1625
USt-IdNr. DE406034614 • Steuer-Nummer 9238/260/37037

**Lenbach Farben finden Sie auch in Augsburg, München, Passau, Regenstauf und Würzburg.**

**Beleg 4:**

Kontoauszug — Kontonummer: 31 074 — Auszug: 24 — ISAR BANK Landshut
IBAN DE72715151500000031074 — Datum: 02. 09. 20.. — Blatt: 01
BIC IBKLDEFF

| Vorgang/Buchungsinformation | Buchung | Wertstellung | Umsatz in Euro |
|---|---|---|---|
| Gutschrift – Martin Meier für Re. v. 01. 08. | 01. 09. | 01. 09. | 2.380,00 + |

ISAR BANK Landshut • D-84036 Landshut

Gustav Heubel
Isar Bootsbau
Isarstraße 73
84036 Landshut

| | | |
|---|---|---|
| Zahlungseingänge | EUR | 2.380,00 + |
| Zahlungsausgänge | EUR | 0,00 – |
| Alter Kontostand | EUR | 16.000,00 + |
| Neuer Kontostand | EUR | 18.380,00 + |

| | | | | | |
|---|---|---|---|---|---|
| Postanschrift: ISAR BANK Landshut 84036 Landshut | Direkt-Service: | Tel.: 0180 552010 | Telefax: | 0941 516947 | |
| | Telefon-Banking: | Tel.: 0180 552060 | E-Mail: | info@isar-bank.xyz | Bankleitzahl |
| | Erreichbarkeit: | 7x24 Stunden | Internet: | http://www.isar-bank.xyz | 715 151 50 |

**Beleg 5:**

# QUITTUNG

| | Euro | Cent |
|---|---|---|
| Netto | 300 | 00 |
| + 19 % USt. | 57 | 00 |
| Gesamtbetrag | 357 | 00 |

Nr.

Euro in Worten

DREIHUNDERTSIEBENUNDFÜNFZIG

von G. HEUBEL, LANDSHUT

für ANKER MIT ANKERKETTE (TYP WINDJAMMER)

richtig erhalten zu haben, bestätigt

Ort LANDSHUT  Datum 07. OKTOBER 20..

Buchungsvermerke

Stempel/Unterschrift des Empfängers

Otto Kahn

**Beleg 6:**

## Isar Bootsbau
## G. Heubel e. K.

Isarstraße 73
84036 Landshut
Telefon: 0871 2560 • Fax: 0871 2575
E-Mail: info@isar-bootsbau.xyz
Internet: http://www.isar-bootsbau.xyz

Isar Bootsbau • Isarstraße 73 • 84036 Landshut

Fa.
Sporthaus Ettl
Landwehrstraße 210
83512 Wasserburg/Inn

**RECHNUNG**
Rechnungsnummer: 04578
Datum: 12. Oktober 20..
Kundennummer: 147
Bestellung: 08. Oktober 20.. (Telefon)

Wir lieferten Ihnen „Frei Haus" am 11. Oktober 20..:

| Pos. | Artikel/Bezeichnung | Menge | Einzelpreis (EURO) | Gesamtpreis (EURO) |
|---|---|---|---|---|
| 1 | Kajakboote, Typ „Alaska" | 2 | 450,00 | 900,00 |
| 2 | Kanuboote, Typ „Seewolf" | 3 | 700,00 | 2.100,00 |
| | | | | 3.000,00 |
| | | + Umsatzsteuer 19 % | | 570,00 |
| | | **Rechnungsbetrag** | | **3.570,00** |

Wir danken für Ihren Auftrag.

Zahlungsbedingungen: Zahlbar innerhalb von 30 Tagen netto.
Bankverbindung: Isar Bank Landshut • BLZ 715 151 50 • Kontonummer: 31074
Amtsgericht Landshut HRA 2456 • USt-IdNr. DE713342123 • St.-Nr. 9132/270/11222

**Beleg 7:**

**Kontoauszug**  Kontonummer: 31 074  Auszug: 38  **ISAR BANK Landshut**
IBAN DE72715151500000031074  Datum: 03. 11. 20..  Blatt: 01
BIC IBKLDEFF

| Vorgang/Buchungsinformation | Buchung | Wertstellung | Umsatz in Euro |
|---|---|---|---|
| Überweisung an A. Bunt Rechnung vom 14. 09. 20.. | 02. 11. | 02. 11. | 476,00 – |

ISAR BANK Landshut · D-84036 Landshut

Gustav Heubel
Isar Bootsbau
Isarstraße 73
84036 Landshut

| | | |
|---|---|---|
| Zahlungseingänge | EUR | 0,00 + |
| Zahlungsausgänge | EUR | 476,00 – |
| Alter Kontostand | EUR | 4.867,00 + |
| Neuer Kontostand | EUR | 4.391,00 + |

Postanschrift: ISAR BANK Landshut 84036 Landshut
Direkt-Service: Tel.: 0180 552010
Telefon-Banking: Tel.: 0180 552060
Erreichbarkeit: 7x24 Stunden
Telefax: 0941 516947
E-Mail: info@isar-bank.xyz
Internet: http://www.isar-bank.xyz
Bankleitzahl 715 151 50

## Lösung 12

**Lösung 12 (Fortsetzung)**

S Eröffnungsbilanzkonto zum 01. Januar 20.. H

S MA H

S FP H

S BA H

S FO H

S BK H

S KA H

S VORST H

S EK H

S VE H

S UST H

S AWR H

S BZKR H

**Lösung 12 (Fortsetzung)**

S AWF H

S AWH H

S UEFE H

S GUV H

S Schlussbilanzkonto H

## 2.7 „Ein Blick" ins Handelsrecht

**Aufgabe 13**

Das HGB gibt jedem Paragrafen eine Überschrift. Zu welchen Paragrafen gehören folgende Überschriften?

1. Inventar
2. Inhalt der Bilanz
3. Buchführungspflicht
4. Vollständigkeit, Verrechnungsverbot
5. Führung der Handelsbücher
6. Aufstellungsgrundsatz (einer Bilanz)
7. Sprache, Währungseinheit
8. Aufbewahrung von Unterlagen
9. Unterzeichnung

**Lösung 13**

**Aufgabe 14**

Bei folgenden Gesetzestexten der §§ 238 bis 247 HGB ist einiges durcheinander geraten. Berichtige die Texte.

1. Der Jahresabschluss ist nach den Glaubenssätzen ordnungsmäßiger Kontenführung aufzustellen.
2. Jeder Kaufmann ist verpflichtet, Bücher im DIN-A4-Format zu führen und in diesen seine Privatausgaben und die Lage seines Bankvermögens nach den Grundsätzen ordnungsmäßiger Buchführung ersichtlich zu machen.
3. Der Jahresabschluss ist vom Kaufmann, seiner Ehefrau und seinen Kindern zu unterzeichnen.
4. In der Bilanz sind das Umlauf- und Anlagevermögen, die Schulden und das Eigenkapital in einer Summe auszuweisen.
5. Die Buchführung muss so beschaffen sein, dass sie jeder innerhalb einer vorgegebenen Zeit überblicken kann.
6. Bei der Führung der Handelsbücher und bei seinen Tagebuchaufzeichnungen hat sich der Kaufmann der englischen Sprache zu bedienen.
7. Die Dauer eines Geschäftsjahres legt der Kaufmann fest.
8. Die Eintragungen in Büchern und die sonst erforderlichen Aufzeichnungen müssen ständig, richtig in der Rechtschreibung und zeitweise geordnet vorgenommen werden.
9. Beim Anlagevermögen sind nur die Gegenstände auszuweisen, die zum baldigen Verbrauch bestimmt sind.

**Lösung 14**

**Lösung 14 (Fortsetzung)**

### Aufgabe 15

In welchen Paragrafen, angefangen bei § 238 HGB und aufgehört bei § 247 HGB, findest du folgende Fachbegriffe?

1. Bilanz
2. Inventar
3. Handelsbücher
4. Jahresabschluss
5. Anlagevermögen
6. Belege
7. Geschäftsjahr

**Lösung 15**

# 3 Aufbau und Gliederung des Industriekontenrahmens

## 3.1 Ordnung muss sein

**Aufgabe 16**

1. Nenne mindestens fünf Gründe, warum die Buchführung eines Unternehmens eine klare Organisationsstruktur benötigt.
2. Erkläre den Unterschied zwischen Kontenrahmen und Kontenplan.
3. Wofür stehen die Abkürzungen IKR und BDI?
4. Verbessere die folgende Aussage so, dass sie richtig ist:
   „Der Industriekontenrahmen ist die Grundlage für alle Kontenpläne aller Unternehmen."
5. Erstelle mit Hilfe eines Wirtschaftslexikons oder einer Internetrecherche eine kurze Definition für den Begriff „Industriekontenrahmen".

**Lösung 16**

## 3.2 Aufbau des Schulkontenplans

**Aufgabe 17**

Ordne folgende Konten zuerst der richtigen Kontenklasse zu und gib dann die Kontonummer und den Abkürzungsvorschlag für das Konto an.

1. Langfristige Bankverbindlichkeiten
2. Aufwendungen für Fremdbauteile
3. Büromaschinen
4. Umsatzsteuer
5. Vorsteuer
6. Kasse
7. Forderungen aus Lieferungen und Leistungen
8. Verbindlichkeiten aus Lieferungen und Leistungen
9. Eigenkapital
10. Umsatzerlöse für eigene Erzeugnisse (Fertigerzeugnisse)
11. Fuhrpark
12. Bezugskosten Hilfsstoffe
13. Aufwendungen für Betriebsstoffe
14. Bank
15. Aufwendungen für Hilfsstoffe
16. Unbebaute Grundstücke
17. Büroausstattung
18. Kurzfristige Bankverbindlichkeiten
19. Bezugskosten Fremdbauteile
20. Betriebs- und Verwaltungsgebäude
21. Bebaute Grundstücke

**Lösung 17**

| | Kontenklasse | Kontonummer | Abkürzung |
|---|---|---|---|
| 1 | | | |
| 2 | 6 | 6010 | AWF |
| 3 | 4 | 4800 | UST |
| 4 | 2 | 2600 | VORST |
| 5 | 2 | 2880 | KA |
| 6 | 2 | 2400 | FO |
| 7 | 4 | 4400 | VÊ |
| 8 | 3 | 3000 | EK |
| 9 | 5 | 5000 | ÜEFZ |
| 10 | 6 | 6011 | B2KH |
| 11 | 6 | 6030 | AWB |
| 12 | 2 | 2800 | BK |
| 13 | 6 | 6020 | AWH |
| 14 | 6 | 6011 | B2KF |
| 15 | | | |
| 16 | | | |
| 17 | | | |
| 18 | | | |
| 19 | | | |
| 20 | | | |
| 21 | | | |

**Aufgabe 18**

Erkläre mithilfe des Schulkontenplans am Beispiel der Kontonummer 6020 die Begriffe Kontenklasse, Kontengruppe und Konto.

**Lösung 18**

Kontoklasse : 6 = Betriebliche Aufwendungen
Kontogruppe : 60 = —
Konto : 6020 = AUB - Aufwendungen für Betriebsstoffe

## 3.3 Gliederung des Schulkontenplans

## 3.4 Arbeiten mit dem Schulkontenplan

**Aufgabe 19**

Bilde die Buchungssätze mit Kontonummer und Kontennamen (Abkürzung).

| | | |
|---|---|---|
| 1. Eingangsrechnung: | Fremdbauteile, Warenwert netto | 49.300,00 € |
| | Bezugskosten, netto | 700,00 € |
| | + USt. 19 % | 9.500,00 € |
| 2. Eingangsrechnung: | Kauf von Rohstoffen, netto | 1.000,00 € |
| | abzüglich 5 % Rabatt | 50,00 € |
| | + USt. 19 % | 180,50 € |
| 3. Eingangsrechnung: | Kauf eines neuen Lieferwagens, netto | 45.000,00 € |
| | + USt. 19 % | 8.550,00 € |
| 4. Ausgangsrechnung: | Fertigerzeugnisse, Warenwert netto | 30.000,00 € |
| | + USt. 19 % | 5.700,00 € |
| 5. Banklastschrift: | Zahlung an den Rohstofflieferer | 17.850,00 € |
| 6. Bankgutschrift: | Zahlung eines Kunden | 10.710,00 € |
| 7. Eingangsrechnung: | Betriebsstoffe, Warenwert netto | 6.000,00 € |
| | + USt. 19 % | ????? € |
| 8. Eröffnung eines Bankkontos durch Bareinzahlung | | 1.500,00 € |
| 9. Die Bank schreibt einen kurzfristigen Kredit gut | | 14.000,00 € |
| 10. Kauf eines neuen Schreibtisches auf Ziel | | 900,00 € |
| + USt. 19 % | | 171,00 € |
| 11. Barzahlung an einen Hilfsstofflieferer | | 833,00 € |
| 12. Banklastschrift: Tilgung eines langfristigen Darlehens | | 32.000,00 € |
| 13. Bankgutschrift: Überweisung eines Kunden | | 11.900,00 € |
| 14. Barzahlung der Fracht beim Bezug von Betriebsstoffen, netto | | 50,00 € |
| + USt. 19 % | | 9,50 € |
| 15. Barabhebung vom Bankkonto | | 200,00 € |

**Lösung 19**

Lösung 19 (Fortsetzung)

# 4 Einkauf und Einsatz von Werkstoffen und Handelswaren

## 4.1 Prozentrechnung

**Aufgabe 20**

Die Klasse 6b hat 28 Schülerinnen und Schüler, davon wählten 16 Schülerinnen und Schüler die Wahlpflichtfächergruppe II.

In der Parallelklasse 6c wählten von 25 Schülerinnen und Schülern insgesamt 13 Schülerinnen und Schüler die Wahlpflichtfächergruppe II.

In welcher Klasse haben sich prozentual mehr Schülerinnen und Schüler für die Wahlpflichtfächergruppe II entschieden?

**Lösung 20**

**Aufgabe 21**

Carolina erhält monatlich 30,00 € Taschengeld. Im September hat sie das Geld wie folgt verwendet: Kinokarte: 6,00 €, Süßigkeiten: 4,50 €, T-Shirt: 9,49 €, den Rest spart sie für ein Fahrrad. Wie viel Prozent des Taschengeldes spart Carolina?

**Lösung 21**

**Aufgabe 22**

Ein Cityroller, der ursprünglich 120,00 € kostete, wird im Schlussverkauf um $33\frac{1}{3}$ % reduziert. Wie viel muss ein Kunde jetzt noch zahlen?

**Lösung 22**

**Aufgabe 23**

Bei einer Lieferung von Sportbällen wiesen 4 % der Bälle Mängel auf. Der Kunde sendet die 20 beschädigten Bälle zurück. Wie viele Bälle wurden bestellt?

**Lösung 23**

**Aufgabe 24**

Im ersten Geschäftsjahr erzielte ein Unternehmen einen Reingewinn von 124.000,00 €. Im darauf folgenden Geschäftsjahr betrug der Jahresüberschuss 142.000,00 €.

Berechne die Gewinnsteigerung in Euro und in Prozenten.

**Lösung 24**

**Aufgabe 25**

Ein Spielwarengeschäft erzielt in den Monaten September 15 %, im Oktober 20 % und im November 25 % des Jahresumsatzes. Der Umsatz betrug im September 33.000,00 €.

1. Berechne den Jahresumsatz in Euro.
2. Für wie viel Euro wurden im November Spielwaren verkauft?

**Lösung 25**

### 4.1.1 Vermehrter Grundwert

**Aufgabe 26**

Nach einer Gehaltserhöhung von 3 % verdient die Auszubildende Verena monatlich 463,50 €.
Berechne die Erhöhung und die ursprüngliche Ausbildungsvergütung in Euro.

**Lösung 26**

**Aufgabe 27**

Der Verkaufspreis eines Kopiergerätes wurde am 1. Januar um 12,5 % erhöht. Am 1. Juli desselben Jahres wurde er nochmals um 10 % erhöht. Zuletzt kostete das Kopiergerät 9.900,00 €. Wie hoch war der Verkaufspreis vor der Preiserhöhung am 1. Januar?

**Lösung 27**

**Aufgabe 28**

Ein Tourist kauft in Irland einen Wollpullover zum Bruttoverkaufspreis von 108,90 €. Ermittle zunächst den derzeit gültigen Umsatzsteuersatz in Irland mit Hilfe des Internets. Berechne den Umsatzsteueranteil in Euro.

**Lösung 28**

**Aufgabe 29**

Die Steuer für Kaffee wurde um 6 % erhöht. Der Preis für ein Kilo Schonkaffee beträgt nun 7,95 €.

1. Berechne den ursprünglichen Kaffeepreis.
2. Die Nachfrage nach Schonkaffee geht zurück. Die Rösterei senkt den Preis um 6 %.
   Berechne den neuen Preis für ein Kilo Kaffee.
3. Ermittle den aktuellen Preis für ein Kilo Kaffee mit Hilfe von Zeitungsprospekten oder im Supermarkt.

**Lösung 29**

### 4.1.2 Verminderter Grundwert

**Aufgabe 30**

Ein Schüler verhandelt erfolgreich mit dem Inhaber eines Musikfachgeschäftes um den Preis eines tragbaren CD-Players. Er erhält einen Nachlass von 20 % und zahlt nur noch 88,00 €.
Berechne den ursprünglichen Preis.

**Lösung 30**

**Aufgabe 31**

Nach Abzug von Liefererskonto und Liefererrabatt ist der Bareinkaufspreis bekannt. Berechne den Listeneinkaufspreis:

| | |
|---|---:|
| 1. Bareinkaufspreis | 2.444,40 € |
| Rabatt | 10 % |
| Skonto | 3 % |
| 2. Bareinkaufspreis | 4.233,60 € |
| Rabatt | 20 % |
| Skonto | 2 % |

| | |
|---|---|
| 3. Bareinkaufspreis | 279,30 € |
| Rabatt | 5 % |
| Skonto | 4 % |
| 4. Bareinkaufspreis | 2.711,57 € |
| Rabatt | 12,5 % |
| Skonto | 2,5 % |

**Lösung 31**

**Aufgabe 32**

Berechne unter Berücksichtigung folgender Angaben jeweils den Listeneinkaufspreis netto und den Listeneinkaufspreis brutto.

| | |
|---|---|
| 1. Zieleinkaufspreis | 24.500,00 € |
| Rabatt | 30 % |
| Umsatzsteuer | 19 % |
| 2. Zieleinkaufspreis | 43.812,00 € |
| Rabatt | 10 % |
| Umsatzsteuer | 19 % |
| 3. Zieleinkaufspreis | 7.800,00 € |
| Rabatt | 25 % |
| Umsatzsteuer | 7 % |

**Lösung 32**

**Lösung 32 (Fortsetzung)**

**Aufgabe 33**

Ein Kaufhaus erhält eine Lieferung von 500 Jeansjacken Marke „Goldfuchs“. Wie hoch ist der Listeneinkaufspreis für eine Jeansjacke, wenn sich nach Abzug von 3 % Skonto und 5 % Rabatt ein Einstandspreis von 11.058,00 € ergibt?

**Lösung 33**

**Aufgabe 34**

Ein Hersteller von Mobiltelefonen erhöhte aufgrund der großen Nachfrage den Preis für das Handy Marke „Junior“ um 5 %. Nach einem halben Jahr musste der Preis wegen hoher Konkurrenz wieder um 10 % gesenkt werden und kostet nun 28,35 €. Berechne den ursprünglichen Preis für das Modell „Junior“.

**Lösung 34**

**Aufgabe 35**

Berechne den Listeneinkaufspreis einer Rohstofflieferung unter Berücksichtigung folgender Angaben:
Einstandspreis 7.168,00 €, Rabatt 10 %, Skonto 2 %, Bezugskosten 112,00 €

**Lösung 35**

**Aufgabe 36**

Berechne entweder Liefererskonto oder Liefererrabatt in Prozenten.

| | |
|---|---:|
| 1. Listeneinkaufspreis | 6.000,00 € |
| Rabatt | 2.000,00 € |
| 2. Zieleinkaufspreis | 12.000,00 € |
| Rabatt | 4.000,00 € |

| | |
|---|---|
| 3. Bareinkaufspreis | 4.800,00 € |
| Skonto | 200,00 € |
| 4. Zieleinkaufspreis | 1.250,00 € |
| Skonto | 25,00 € |

**Lösung 36**

**Aufgabe 37**

Familie Frisch kauft eine Gefriertruhe gegen eine Anzahlung von 150,00 €. Den Rest begleicht die Familie in sechs Monatsraten zu je 85,00 €. Wegen der Ratenzahlung bezahlt sie 10 % mehr als bei sofortiger Zahlung.

1. Welchen Betrag in Euro müsste Familie Frisch bei Barzahlung aufbringen?
2. Nenne Kriterien, die neben dem Preis eine Rolle beim Kauf einer Gefriertruhe spielen.

**Lösung 37**

**Lösung 37 (Fortsetzung)**

**Aufgabe 38**

Beantworte folgende Fragen:

1. Worin besteht der Unterschied zwischen Rechnungsbetrag und Warenwert, netto?
2. Der Bruttorechnungsbetrag beträgt 119 %. Durch welche Dezimalzahl muss man teilen, damit man den Nettobetrag in einem Rechenschritt erhält?
3. Durch welche Zahl muss bei Lebensmitteln und Druckerzeugnissen der Bruttopreis geteilt werden, um den Nettopreis zu erhalten?
4. Der verminderte Grundwert beträgt 80 %. Durch welchen Rechenvorgang gelangt man in einem Schritt zum ursprünglichen Grundwert?

**Lösung 38**

## 4.2 Werkstoffe und Handelswaren

### 4.2.1 Werkstoffe

**Aufgabe 39**

Welche Rohstoffe werden bei folgenden Unternehmen benötigt?

1. Fahrradfabrik
2. Kleiderfabrik
3. Schokoladenhersteller
4. Produzent von Stereoanlagen
5. Bauunternehmen

**Lösung 39**

**Aufgabe 40**

Bildet Gruppen und besorgt euch Schulmöbelkataloge. Jede Gruppe wählt aus der Produktübersicht drei Beispiele aus (z. B. Schränke, Kartenständer, Projektionswagen, Medienarchive, Computermöbel, Schülertische, Schülerstühle, Klassenraumtafeln, Tafeln für Information, Präsentation und Moderation, Vitrinen, Werkraummöbel, Musikschränke, Notentafeln, Beamer ...) und ermittelt für die gewählten Fertigprodukte die nötigen Werkstoffe.

**Lösung 40**

**Aufgabe 41**

Ordne folgende Aussagen den entsprechenden Werkstoffen (Rohstoffe, Hilfsstoffe, Betriebsstoffe, Fremdbauteile) zu:

1. Sie werden von anderen Herstellern bezogen und in das eigene Produkt eingebaut.
2. Sie werden verarbeitet und bilden den Hauptbestandteil des Fertigprodukts.
3. Sie sind kein Bestandteil des fertigen Erzeugnisses, sie dienen z. B. dem Antrieb der Maschinen.
4. Sie sind Nebenbestandteil des fertigen Erzeugnisses.
5. Sie sind Mittel zur Pflege der Maschinen.
6. Sie werden eingebaut und stellen einen wesentlichen Teil des Produkts dar.

**Lösung 41**

**Aufgabe 42**

Suche jeweils einen Industrie- und Handwerksbetrieb an deinem Schulort und erkundige dich, welche Werkstoffe das Unternehmen einsetzt und verarbeitet. Nutze zur Recherche auch das Internet.

**Lösung 42**

**Aufgabe 43**

Ordne die Beispiele den entsprechenden Werkstoffen einer Spielwarenfabrik für Holzspielzeug zu:

- Farben
- Schmierfett
- Buchenholz
- Schrauben
- Gas
- Lacke
- Leim

**Lösung 43**

**Lösung 43 (Fortsetzung)**

## Aufgabe 44

Bilde die erforderlichen Buchungssätze für die Geschäftsfälle in einer Büromöbelfabrik.

1. Eingangsrechnung für Holz netto 4.500,00 €, zuzüglich Fracht netto 100,00 €.
2. Banklastschrift: Stromrechnung brutto 1.844,50 €.
3. Zielkauf von Schrauben und Scharnieren netto 550,00 €.
4. Barkauf von Maschinenöl in Höhe von netto 156,00 €.
5. Zielkauf von Naturlacken 2.200,00 € netto, der Lieferer gewährt 20 % Rabatt.
6. Kauf von Rädern für Rollwagen auf Ziel, Rechnungsbetrag 1.547,00 €.
7. Barzahlung der Fracht (siehe Geschäftsfall 5) netto 30,00 €.
8. Banklastschrift: Rechnungsausgleich, siehe Fall 5.

**Lösung 44**

### 4.2.2 Handelswaren

**Aufgabe 45**

Worin bestehen die Gemeinsamkeiten und die Unterschiede von Fremdbauteilen und Handelswaren?

**Lösung 45**

**Aufgabe 46**

Welche Handelswaren sind in folgenden Fertigungsunternehmen denkbar? Informiere dich auch mit Hilfe des Internets oder mit Hilfe von Prospekten entsprechender Unternehmen.

Hersteller von

- Kaffeemaschinen
- Fahrrädern
- Damenoberbekleidung
- Staubsaugern
- Digitalkameras
- Laserdruckern

**Lösung 46**

**Aufgabe 47**

In einer Fabrik für Herrenanzüge ergaben sich folgende Geschäftsfälle. Bilde die Buchungssätze, USt. 19 %.

| | |
|---|---|
| 1. Zielkauf von Baumwollstoffen aus Italien, Listenpreis, netto | 7.860,00 € |
| zuzüglich Fracht, netto | 230,00 € |
| 2. Eingangsrechnung für | |
| 100 modische Herrenhemden Marke „Capri", Stückpreis, netto | 32,00 € |
| 120 Polo-Pullover Marke „Como", Stückpreis, netto | 42,50 € |
| 3. Zielkauf von Nähseide und Garnen in den Farben der Herbstkollektion, Bruttorechnungsbetrag: | 297,50 € |
| 4. Banklastschrift: Gasrechnung, brutto | 1.190,00 € |

5. Zielkauf von passenden Krawatten für die Sakko-Kollektion „Atlanta“,
Warenwert, netto 2.340,00 €
Frachtkosten, netto 120,00 €

6. Kauf von Futterstoffen „Polyester“ für die Sakkos auf Ziel, netto 1.200,00 €

7. Banklastschrift: Rechnungsausgleich aus Nr. 2 ????? €

**Lösung 47**

## 4.3 Einkaufskalkulation

### 4.3.1 Auswertung von Angeboten

**Aufgabe 48**

Hans Glück erhält folgende zwei Angebote:

Angebot 1:

**SCHMIERSTOFFE**
STEFAN BLANK e. K.
Gewerbestraße 5 • 93073 Neutraubling
Telefon: 09401 7762 • Fax: 09401 7208
E-Mail: s.blank@d-online.xyz

SCHMIERSTOFFE STEFAN BLANK e. K. • Gewerbestraße 5 • 93073 Neutraubling

Möbelfabrik
Hans Glück
Rachelstraße 6–8
93059 Regensburg

**ANGEBOT**

20. März 20..

Sehr geehrter Herr Glück,
wir beziehen uns auf Ihre telefonische Anfrage und unterbreiten Ihnen folgendes Angebot.

| 200 Liter | Schmiermittel Typ S100 | 44,00 Euro | 8.800,00 Euro |
|---|---|---|---|
| | | – 10 % Rabatt | 880,00 Euro |
| | | | 7.920,00 Euro |
| | | + Fracht | 220,00 Euro |
| | | | 8.140,00 Euro |
| | | + 19 % Umsatzsteuer | 1.546,60 Euro |
| | | **Gesamtbetrag** | **9.686,60 Euro** |

Zahlbar ohne Abzug innerhalb von 30 Tagen rein netto.

Mit freundlichen Grüßen

*Stefan Blank*

Bankverbindung: Wirtschaftsbank Regensburg • BLZ 725 400 00 • Kontonummer: 926580
Amtsgericht Neutraubling HRA 1842 • USt-IdNr. DE282043201 • Steuer-Nr. 9244/202/67115

Angebot 2:

**RWSDIRECT GmbH**
RWS Schmierstoffe
Industriestraße 7
93059 Regensburg
Telefon: 0941 146230 · Telefax: 0941 147020
E-Mail: service@rws.xyz

RWSDIRECT GmbH · Industriestraße 7 · 93059 Regensburg

Möbelfabrik
Hans Glück
Rachelstraße 6–8
93059 Regensburg

**ANGEBOT** Nr. 0462

15. April 20..

Sehr geehrter Herr Glück,
bezugnehmend auf Ihre telefonische Anfrage unterbreiten wir Ihnen folgendes Angebot:

| Menge | Artikel/Bezeichnung | Einzelpreis | Gesamtpreis |
|---|---|---|---|
| 200 Liter | Schmiermittel Typ S100 | 48,50 Euro | 9.700,00 Euro |
| | | Listenpreis | 9.700,00 Euro |
| | | – Rabatt 15 % | 1.455,00 Euro |
| | | | 8.245,00 Euro |
| | | + 19 % Umsatzsteuer | 1.566,55 Euro |
| | | **Gesamtbetrag** | **9.811,55 Euro** |

Die Lieferung erfolgt frei Haus.
Bei Zahlung innerhalb von 8 Tagen 3 % Skonto / 30 Tage rein netto.

Mit freundlichen Grüßen

*Tobias Müller*

Bankverbindung: Wirtschaftsbank Regensburg · BLZ 725 400 00 · Kontonummer: 30450637
Geschäftsführung: Dr. Franz Reich · Handelsregister Regensburg HRB 6029
USt-IdNr. DE246104699 · Steuer-Nr. 9244/162/22011

1. Von welchen Lieferern (Name und Sitz der Firma) stammen die Angebote?
2. Um welchen Werkstoff handelt es sich bei den Angeboten?
3. Worin unterscheiden sich die Lieferbedingungen?
4. Welche Zahlungsbedingungen beinhalten die beiden Angebote?
5. Wie viel Euro beträgt der Preisunterschied netto?

**Lösung 48**

## Lösung 48 (Fortsetzung)

## Aufgabe 49

NAAB-REGENWERKE AG –
Ökostrom aus Wasserkraft

Hauptverwaltung
**Prüfeninger Straße 33 · 93059 Regensburg**
**Telefon**
Allgemein: 0941 5309-0 · Rechnung: 0941 5309-5555
**Telefax: 0941 5309-5213 · E-Mail: info@nr.xyz**
**Geschäftszeit: Montag bis Freitag 8–16 Uhr**

$CO_2$-neutrales Erdgas
zertifizierte klimaneutrale Gasverbrennung

032//0013086//29//93059

NAAB-REGENWERKE AG – Ökostrom aus Wasserkraft
Prüfeninger Straße 33 · 93059 Regensburg

Möbelfabrik
Hans Glück
Rachelstraße 6–8
93059 Regensburg

Datum
09. November 20..

**GAS- UND STROMRECHNUNG**

**Kundennummer 4567** (bitte bei Rückfragen und Überweisung angeben)
**Rechnung Nr. 77890**

Abnahmestelle:
Möbelfabrik Hans Glück, Rachelstraße 6–8, 93059 Regensburg

Sehr geehrte Damen und Herren,
für unsere Gas- und Stromlieferung in der Zeit vom 01. November 20.. bis 30. November 20.. berechnen wir:

| | | |
|---|---|---|
| (1) | Gaskosten nach Allgemeinem Tarif | 3.800,00 EUR |
| (2) | Stromkosten nach Allgemeinem Tarif (Zähler-Nr. 1442174)/ÖkoFix | 4.200,00 EUR |
| | Netto | 8.000,00 EUR |
| | Umsatzsteuer 19 % | 1.520,00 EUR |
| | **Rechnungsbetrag** | **9.520,00 EUR** |

Den Rechnungsbetrag werden wir am 15. Dezember 20.. zur Abbuchung vom Konto 500306, BLZ 750 950 00, einreichen.

Einzelheiten über die Abrechnung des Gas- und Stromverbrauchs können Sie den nachfolgenden Seiten entnehmen.

Mit freundlichen Grüßen

NAAB-REGENWERKE AKTIENGESELLSCHAFT

Fachbereich Abrechnung Gewerbekunden

Johann Stark

Vorstand:
Dr. Stephan Lankes (Vorsitzender)
Dipl.-Ing. Peter Baumgartner
Dr. Richard Kellner

Vorsitzender des Aufsichtsrats:
Dr. Bernhard Biedermann

Sitz der Gesellschaft und Registergericht:
Regensburg HRB 71430

Bankverbindung:
Bayer. Zentralbank
BLZ 700 400 00 · Konto-Nr. 35243

Steuer-Nr. 9244/105/00479
USt-IdNr. DE129102000

1. Um welchen Werkstoff handelt es sich bei diesem Beleg?
2. Auf welchem Konto werden diese Werkstoffe erfasst?
3. Für welchen Monat erfolgt die Abrechnung?
4. Berechne den Umsatzsteueranteil in Euro für den **Strom**verbrauch.

## Lösung 49

## Aufgabe 50

SÄGEWERK
**KRANZHORN GMBH**
Tatzelwurm 100 · 83098 Brannenburg
Telefon: 08034 3040 · Telefax: 08034 3050
E-Mail: info@kranzhorn.xyz

FSC- und PEFC-zertifiziert

SÄGEWERK KRANZHORN GMBH · Tatzelwurm 100 · 83098 Brannenburg

Möbelfabrik
Hans Glück
Rachelstraße 6–8
93059 Regensburg

**RECHNUNG**

| | |
|---|---|
| Rechnungsnummer: | 3099 |
| Datum: | 08. November 20.. |
| Lieferdatum: | 07. November 20.. |
| Kundennummer: | 539254 |
| Bestellung: | 30. Oktober 20.. |
| Sachbearbeiterin: | Frau Oberauer |

| ART.-NR. | MENGE | BEZEICHNUNG | EINZELPREIS | GESAMTPREIS |
|---|---|---|---|---|
| 140 | 16 m³ | Buche | 450,00 Euro | 7.200,00 Euro |
| 150 | 50 m³ | Fichte | 186,00 Euro | 9.300,00 Euro |
| 142 | 30 m³ | Eiche | 400,00 Euro | 12.000,00 Euro |
| | | | | 28.500,00 Euro |
| | | | – 10 % Rabatt | 2.850,00 Euro |
| | | | | 25.650,00 Euro |
| | | | + 19 % Umsatzsteuer | 4.873,50 Euro |
| | | | Rechnungsbetrag | 30.523,50 Euro |

Zahlungsbedingungen: 30 Tage rein netto.
Die Ware bleibt bis zur vollständigen Bezahlung Eigentum des Lieferanten.

Bankverbindung: Genossenschaftsbank Brannenburg · BLZ 720 560 10 · Kontonummer: 223040
Sitz der Gesellschaft: 83098 Brannenburg · Handelsregister Traunstein HRB Nr. 1429
Geschäftsführer: Josef Kranzhorn · Steuer-Nr. 9156/160/13175 · USt-IdNr. DE146064689

1. Wer ist der Lieferer?
2. Wie heißt der Empfänger der Rechnung?
3. Um welchen Werkstoff handelt es sich?
4. Wann ist diese Rechnung fällig?
5. Was bedeutet der Vermerk: „30 Tage rein netto“?
6. Welcher Betrag wird auf dem entsprechenden Werkstoffkonto gebucht?

## Lösung 50

**Aufgabe 51**

# LENBACHFARBEN

**Fachgroßhandel**
Waldweg 3 • 93128 Regenstauf
Telefon: 09402 1452 • Fax: 09402 7708
Internet: http://www.lenbach-farben.xyz
E-Mail: info@lenbach-farben.xyz

FARBEUNDKOMPETENZ
FARBENLACKESPRITZTECHNIK

LUDWIG LENBACH e. Kfm. • Waldweg 3 • 93128 Regenstauf

Möbelfabrik
Hans Glück
Rachelstraße 6–8
93059 Regensburg

**RECHNUNG**

| | |
|---|---|
| Rechnungsnummer: | 397 |
| Datum: | 11. November 20.. |
| Lieferdatum: | 11. November 20.. |
| Kundennummer: | 05310 |
| Bestellung: | 10. November 20.. (E-Mail) |

| ARTIKEL | MENGE | EINZELPREIS | GESAMTPREIS |
|---|---|---|---|
| Bio-Holzschutzöl Nr. 120 | 200 Kanister | 35,00 Euro | 7.000,00 Euro |
| Dichtungsprofil Nr. 15 | 1 000 Rollen | 4,80 Euro | 4.800,00 Euro |
| | | Netto | 11.800,00 Euro |
| | | + 19 % Umsatzsteuer | 2.242,00 Euro |
| | | **Rechnungsbetrag** | **14.042,00 Euro** |

Die Lieferung erfolgt frei Haus.
Zahlung innerhalb von 60 Tagen ohne Abzug oder binnen 8 Tagen mit 2 % Skonto.

Die Ware bleibt bis zur vollständigen Bezahlung Eigentum des Lieferanten.
Bankverbindung: Handelsbank Regenstauf • BLZ 754 520 40 • Kontonummer: 42337
Ludwig Lenbach, e. Kfm. • Amtsgericht Regensburg HRA 1752
USt-IdNr. DE406134540 • Steuer-Nummer 9238/260/37037

**Lenbach Farben finden Sie auch in Augsburg, München, Nürnberg, Passau und Würzburg.**

1. Was bedeutet der Vermerk „Die Lieferung erfolgt frei Haus“?
2. Welche Werkstoffe bezieht das Unternehmen Glück?
3. Wann wurde die Rechnung ausgestellt?
4. Nenne die Rechnungsnummer.
5. Warum erhalten Rechnungen Nummern?
6. Unternehmer Glück möchte Skonto ausnutzen. Bis zu welchem Tag muss die Rechnung beglichen werden?
7. Um wie viel Euro würde bei Skontoausnutzung der Rechnungsbetrag gemindert werden?
8. Auf welches Bankkonto muss der Rechnungsbetrag überwiesen werden?
9. Wie viele Kilometer beträgt ungefähr die Entfernung zwischen dem Sitz des Lieferers und dem Standort der Schreinerei Glück?

**Lösung 51**

## Lösung 51 (Fortsetzung)

## Aufgabe 52

A. ADLER
BAU- UND MÖBELBESCHLÄGE

Industriestraße 12
86332 Mühldorf/Lech
Telefon: 08271 880-0
Telefax: 08271 880-224
E-Mail: service@adler.xyz
Internet: http://www.adler.xyz

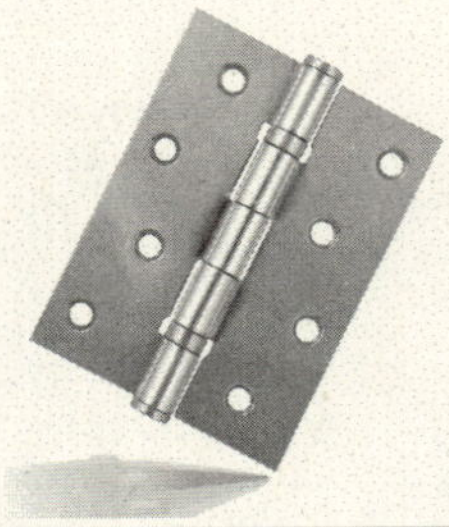

FA. A. ADLER, e. Kfm. • Industriestraße 12 • 86332 Mühldorf/Lech

Firma
Hans Glück
Rachelstraße 6–8
93059 Regensburg

RECHNUNG
Rechnungsnummer: 1085436
Lieferdatum: 08. November 20..
Ihre Bestellung: 31. Oktober 20..
Kundennummer: 4420789
Ansprechpartner: Frau Ehrlich
08271 881-327

RECHNUNG

Mühldorf, 08. November 20..

| ART.-NR. | MENGE | BEZEICHNUNG | EINZELPREIS | GESAMTPREIS |
|---|---|---|---|---|
| 345 | 100 Pck. | Beschläge l | 3,00 Euro | 300,00 Euro |
| 445 | 100 Pck. | Beschläge r | 3,00 Euro | 300,00 Euro |
| | | Netto | | 600,00 Euro |
| | | + 19 % Umsatzsteuer | | 114,00 Euro |
| | | Rechnungsbetrag | | 714,00 Euro |

Vielen Dank für Ihren Auftrag.

Lieferung: Ab Werk.
Die gelieferte Ware bleibt bis zur vollständigen Bezahlung unser Eigentum (§ 455 BGB).
Zahlungsbedingungen: 10 Tage 3 % Skonto / 30 Tage rein netto.
Bankhaus Mühldorf/Lech • BLZ 762 400 30 • Kontonummer: 267550
USt-IdNr. DE812480350 • Steuer-Nr. 9102/237/14555

1. Was bedeutet der Vermerk: „Lieferung ab Werk“?
2. Handelt es sich bei dieser Rechnung um Fremdbauteile oder Handelswaren? Begründe deine Aussage.
3. Auf dem Beleg findest du den Zusatz:
   „Die gelieferte Ware bleibt bis zur vollständigen Bezahlung unser Eigentum (§ 455 BGB).“
   Erkläre die rechtliche Bedeutung des Vermerks.
4. Was bedeutet der Zusatz „rein netto“?

## Lösung 52

## 4.3.2 Kalkulationsschema

### Aufgabe 53

Vergleiche die beiden Angebote über 20 Laminiergeräte mithilfe des Kalkulationsschemas und ermittle das kostengünstigere Angebot.

**Angebot 1:**

**MEDIEN 2000 GMBH**

Schönthalstraße 7 • 80333 München
Telefon: 089 303030 • Telefax: 089 303070
E-Mail: info@medien-2000.xyz
Internet: http://www.medien-2000.xyz

MEDIEN 2000 GMBH • Schönthalstraße 7 • 80333 München

Firma
Hans Glück
Rachelstraße 6–8
93059 Regensburg

ANGEBOT

04. November 20..

**Ihre Kundennummer: 01588**

Sehr geehrter Herr Glück,

wir beziehen uns auf Ihre telefonische Anfrage und bieten Ihnen Laminiergeräte zu folgenden Bedingungen an:

| | | | |
|---|---|---|---|
| 20 | **Laminiergeräte ML „Power“** netto abzüglich 15 % Rabatt | 240,00 Euro | 4.800,00 Euro |

Die Lieferung erfolgt frei Haus.
Bei Zahlung innerhalb von 10 Tagen 2 % Skonto, oder innerhalb von 60 Tagen rein netto.

Mit freundlichen Grüßen

Bankverbindungen: Stadtbank München • BLZ 700 250 80 • Kontonummer: 2255530
Genossenschaftsbank München • BLZ 700 340 10 • Kontonummer: 363450
Geschäftsführer: Volker Münch • Amtsgericht München HRB 3577
USt-IdNr. DE157053080 • Steuer-Nr. 9147/198/12113

**Angebot 2:**

BÜRO AKTIV GmbH

Königstraße 7 • 97837 Kitzingen
Telefon: 09321 5940 • Fax: 09321 5950
E-Mail: info@buero-aktiv.xyz
Internet: http://www.buero-aktiv.xyz

BÜRO AKTIV GmbH • Königstraße 7 • 97837 Kitzingen

Möbelfabrik
Hans Glück
Rachelstraße 6–8
93059 Regensburg

ANGEBOT

Kitzingen, 05. November 20..

Ihre Kundennummer: 3577

Sehr geehrter Herr Glück,

bezugnehmend auf Ihre telefonische Anfrage unterbreiten wir Ihnen folgendes Angebot:

| | | | |
|---|---|---|---|
| 20 | **Laminiergeräte ML „Power“** netto abzüglich 10 % Rabatt | 245,00 Euro | 4.900,00 Euro |

Frachtkosten: 150,00 Euro
Zahlungsbedingungen: 60 Tage rein netto.

Mit freundlichen Grüßen

*Petra Rust*

Bankverbindung: Stadtbank Kitzingen • BLZ 720 450 15 • Kontonummer: 324050
Sitz der Gesellschaft: 97837 Kitzingen • Handelsregister HRB Kitzingen Nr. 20325
Geschäftsführerin: Ulla Herbig
USt-IdNr. DE148064095 • Steuer-Nr. 9238/185/02120

### Lösung 53

**Aufgabe 54**

Berechne den Einstandspreis:

| Kalkulation | 1. | 2. | 3. | 4. |
|---|---|---|---|---|
| Listeneinkaufspreis, netto | 5.400,00 € | 8.100,00 € | 1.600,00 € | 14.400,00 € |
| Rabatt | 12,5 % | $16\frac{2}{3}$ % | 20 % | 25 % |
| Skonto | 2 % | 2 % | 2,5 % | 3 % |
| Bezugskosten, netto | 125,00 € | frei Haus | 40,60 € | 216,00 € |

**Lösung 54**

**Aufgabe 55**

Berechne die fehlenden Größen:

| Nr. | Listeneinkaufs-preis, netto | Rabatt | Skonto | Bareinkaufspreis | Bezugs-kosten, netto | Einstands-preis |
|---|---|---|---|---|---|---|
| 1. | 1.200,00 € | 25 % | 2 % | ????? € | 47,00 € | ????? € |
| 2. | 5.000,00 € | ????? % | – | 4.000,00 € | 280,00 € | ????? € |
| 3. | 6.000,00 € | ????? % | 2,5 % | 5.118,75 € | – | ????? € |
| 4. | 7.400,00 € | 18 % | – | ????? € | ????? € | 6.210,00 € |
| 5. | 9.000,00 € | 12 % | 2 % | ????? € | – | ????? € |
| 6. | 33.600,00 € | – | 3 % | ????? € | ????? € | 32.650,00 € |
| 7. | 24.000,00 € | 22 % | ????? % | 18.345,60 € | – | ????? € |

**Lösung 55**

**Aufgabe 56**

Ein Fertigungsunternehmen für Damenoberbekleidung bezieht für die neue Frühjahrskollektion passende Seidenschals.

1. Ergänze folgende lückenhafte Einkaufskalkulation.

| | |
|---|---|
| Listeneinkaufspreis | 1.000,00 € |
| – Liefererrabatt 20 % | ????? |
| = Zieleinkaufspreis | 800,00 € |
| – Liefererskonto | 24,00 € |
| = Bareinkaufspreis | ????? |
| + Bezugskosten | ????? |
| = Bezugspreis | 810,00 € |

2. Berechne den Skonto in Prozenten.
3. Bei der Lieferung handelte es sich um 75 Seidenschals. Berechne den Bezugspreis für einen Seidenschal.
4. Wie hoch wäre der Zieleinkaufspreis für einen Seidenschal, bei einem Rabatt von 25 %?
5. Welche Antworten sind richtig?

5.1 Bei den Seidenschals handelt es sich um Fremdbauteile.
5.2 Die Bezugskosten für die Lieferung betragen 30,00 €.
5.3 Der Kauf von Seidenschals wird auf Konto 6080 AWHW gebucht.
5.4 Der Bezugspreis je Schal beträgt 10,80 €.

**Lösung 56**

**Lösung 56 (Fortsetzung)**

### 4.3.3 Einkaufskalkulation mit der Tabellenkalkulation

**Aufgabe 57**

In einer Möbelfabrik wurde beim Einkauf von 50 Liter Klarlack folgendes Rechenblatt erstellt:

| | A | B | C |
|---|---|---|---|
| 1 | **Einkaufskalkulation** | | |
| 2 | Listeneinkaufspreis | | 2.000,00 € |
| 3 | ############# | 30 % | 600,00 € |
| 4 | Zieleinkaufspreis | | ##### |
| 5 | – Liefererskonto | ##### | 42,00 € |
| 6 | Bareinkaufspreis | | 1.358,00 € |
| 7 | + Bezugskosten | | 42,00 € |
| 8 | Einstandspreis | | B6+C7 |

1. Ergänze den fehlenden Eintrag in Zelle A3.
2. Wie viel Euro beträgt der Zieleinkaufspreis?
3. Berechne den Liefererskonto in Prozenten.
4. Welche Formel wurde zur Berechnung des Liefererrabatts in Zelle C3 eingegeben?
5. Stelle die fehlerhafte Formel in Zelle C8 richtig.
6. Wie viel Euro beträgt der Einstandspreis für einen Liter Klarlack?

**Lösung 57**

**Lösung 57 (Fortsetzung)**

**Aufgabe 58**

Ein Hersteller von Notebooks bezieht 500 Taschen für Laptops. Zur Kalkulation des Einstandspreises wurde folgendes Rechenblatt erstellt:

| | A | B | C |
|---|---|---|---|
| 1 | **Einkaufskalkulation** | | |
| 2 | Listeneinkaufspreis | | 56.000,00 € |
| 3 | – Liefererrabatt | ##### | ##### |
| 4 | ############# | | 49.000,00 € |
| 5 | – Liefererskonto | 2 % | 980,00 € |
| 6 | Bareinkaufspreis | | C4–C5 |
| 7 | + Bezugskosten | | 180,00 € |
| 8 | Einstandspreis | | 48.200,00 € |

1. Wie lautet der fehlende Eintrag in Zelle A4?
2. Berechne den Liefererrabatt in Euro und in Prozenten.
3. Welche Formel wurde zur Berechnung des Liefererskontos in Zelle C5 eingegeben?
4. Bei einer Neulieferung von 1 000 Taschen gewährt der Hersteller einen Rabatt in Höhe von 20 %. Ermittle den Zieleinkaufspreis je Tasche für diese Lieferung.

**Lösung 58**

**Aufgabe 59**

Einem Sportschuhhersteller liegen zwei Angebote für blau-weiße Schnürsenkel vor.

| | A | B | C | D | E | F |
|---|---|---|---|---|---|---|
| 1 | | Einkaufskalkulation | | | | |
| 2 | | Angebot 1 | | | Angebot 2 | |
| 3 | **Kalkulationsschema:** | | | | | |
| 4 | Listeneinkaufspreis | 24.500,00 € | | | 26.400,00 € | |
| 5 | – Liefererrabatt | 2.450,00 € | 10 % | | 3.696,00 € | 14 % |
| 6 | Zieleinkaufspreis | 22.050,00 € | | | 22.704,00 € | |
| 7 | – Liefererskonto | 0,00 € | 0 % | | 681,12 € | 3 % |
| 8 | Bareinkaufspreis | 22.050,00 € | | | 22.022,88 € | |
| 9 | + Bezugskosten | 250,00 € | | | 0,00 € | |
| 10 | Einstandspreis | 22.300,00 € | | | 22.022,88 € | |

1. Nenne die Zellen, in denen die veränderbaren Zahlenwerte eingegeben wurden.
2. Welche Formeln wurden zur Berechnung folgender Werte eingegeben?

2.1 Liefererrabatt Angebot 1
2.2 Liefererrabatt Angebot 2
2.3 Liefererskonto Angebot 2
2.4 Einstandspreis Angebot 1
2.5 Bareinkaufspreis Angebot 2

3. Wie viel Euro beträgt der Preisunterschied zwischen Angebot 1 und Angebot 2 beim

3.1 Listeneinkaufspreis?
3.2 Zieleinkaufspreis?
3.3 Bareinkaufspreis?
3.4 Einstandspreis?

4. Trotz des Preisunterschiedes entscheidet sich der Einkäufer für Angebot 1. Nenne dafür zwei mögliche Gründe.
5. Nenne eine andere Bezeichnung für Einstandspreis.
6. Was versteht man unter einem Zielkauf?

**Lösung 59**

**Lösung 59 (Fortsetzung)**

## 4.4 Verbrauch von Werkstoffen und Handelswaren

### 4.4.1 „Just-in-time-Produktion“

**Aufgabe 60**

1. Bei der „Just-in-time-Produktion“ können Probleme auftauchen. Finde z. B. drei mögliche Gründe für Lieferverzögerungen.
2. Nenne zwei Nachteile einer zu hohen Lagerhaltung.
3. Nimm mit Hilfe von Zeitungsmeldungen Stellung zu den Nachteilen der „Just-in-time-Produktion“.

**Lösung 60**

**Aufgabe 61**

In folgendem Text ist einiges durcheinander geraten. Schreibe den Text neu und beseitige die Mängel.

Die Brause AG produziert nach dem „Just-in-time-Verfahren“. Das bedeutet, dass die für die Schokokuss-Tagesproduktion nötigen Mengen an Schokolade und Zucker aus dem Lager entnommen werden. Die Vorräte an Schokolade und Zucker reichen für neun Monate. Die Milch wird jedoch frisch am frühen Morgen durch die Lieferanten herbeigeschafft. Dieses Produktionsverfahren garantiert stets einen reibungslosen Ablauf der Produktion, es entstehen keine Lieferverzögerungen. Durch die Lieferung zum richtigen Zeitpunkt, in der richtigen Menge, in der richtigen Reihenfolge am richtigen Ort können beim „Just-in-time-Verfahren“ die Lagerkosten erheblich reduziert werden.

**Lösung 61**

**Aufgabe 62**

Ein Autohersteller bezieht Sitze im „Just-in-time-Verfahren“. Nenne weitere Autoteile, die sich für dieses Verfahren eignen.

**Lösung 62**

---

---

### 4.4.2 Buchen des Einsatzes von Werkstoffen und Handelswaren

**Aufgabe 63**

Bei einem Schuhhersteller sind folgende Belege buchhalterisch zu erfassen.
Beleg 1:

J. HIRSCH
LEDER & PELZE

Waldweg 1 • 94481 Grafenau
Telefon: 08532 923029
Telefax: 08532 923119
E-Mail: service@hirsch.xyz
Internet: http://www.leder-hirsch.xyz

HIRSCH

Josef Hirsch, e. Kfm. • Waldweg 1 • 94481 Grafenau

Schuhfabrik
Konstantin Schnell
Raublinger Straße 12
83022 Rosenheim

RECHNUNG
Rechnungs-Nr.: 28506
Lieferdatum: 08. November 20..
Kundennummer: 4420
Bestellung: 31. Oktober 20..
Ansprechpartnerin: Frau Ehrlich 08532 923035

Grafenau, 08. November 20..

| Art.-Nr. | Menge | Bezeichnung | Einzelpreis (EUR) | Gesamtpreis (EUR) |
|---|---|---|---|---|
| 45 | 100 $m^2$ | Rohleder | 30,00 | 3.000,00 |
| | | | Netto | 3.000,00 |
| | | | + 19 % Umsatzsteuer | 570,00 |
| | | | **Rechnungsbetrag** | **3.570,00** |

Vielen Dank für Ihren Auftrag.
Lieferung: Frei Haus.

Die gelieferte Ware bleibt bis zur vollständigen Bezahlung unser Eigentum.
Zahlungsbedingungen: 10 Tage 2 % Skonto / 30 Tage rein netto.
Genossenschaftsbank Grafenau • BLZ 740 300 25 • Kontonummer: 404020
Josef Hirsch, e. Kfm. • Amtsgericht Grafenau HRA 3555
USt-IdNr. DE812620030 • Steuer-Nr. 9157/266/10410

Beleg 2:

**Quittung**

Nr.

| | Euro | Cent |
|---|---|---|
| Netto | 150 | 00 |
| + 19 % USt. | 28 | 50 |
| Gesamtbetrag | 178 | 50 |

Euro in Worten

Einhundertachtundsiebzig

von Schuhfabrik Konstantin Schnell

für Klebstoff Typ „Ultra"

Artikelnummer 0327

richtig erhalten zu haben, bestätigt

Ort Burghausen

Datum 23. November 20..

Buchungsvermerke

Stempel/Unterschrift des Empfängers

Chemische Werke Burghausen
Klebstoffe
Innweg 200 • 84489 Burghausen

i. A. Agnes Resch

Beleg 3:

**MAXIMILIANHUBER, e. Kfm.**

**SCHUHPFLEGE**

Feldweg 22 • 91541 Rothenburg o. d. T.
Telefon: 09861 5420 • Telefax: 09861 5490
E-Mail: info@m-huber.xyz
Internet: http://www.schuhpflege-huber.xyz

MAXIMILIANHUBER, e. Kfm.• Feldweg 22 • 91541 Rothenburg o. d. T.

Schuhfabrik
Konstantin Schnell
Raublinger Straße 12
83022 Rosenheim

RECHNUNG
Rechnungsnummer: 0286
Datum: 02. November 20..
Lieferdatum: 01. November 20..
Kundennummer: 0730
Bestellung: 30. Oktober 20..

RECHNUNG Nr. 0286

| Artikel | Menge | Einzelpreis | Gesamtpreis |
|---|---|---|---|
| Lederpflege, Nr. 4595 Spray für Glattleder 75 ml | 1 000 Stück | 1,50 Euro | 1.500,00 Euro |
| | | | 1.500,00 Euro |
| | | + 19 % USt. | 285,00 Euro |
| | | **Rechnungsbetrag** | **1.785,00 Euro** |

Zahlungsbedingungen: 8 Tage 2 % Skonto / 30 Tage rein netto.
Bankverbindung: Handelsbank Rothenburg o. d. T. • BLZ 760 450 10 • Kontonummer: 870350
Amtsgericht Nürnberg HRA 1710
USt-IdNr. DE144046789 • Steuer-Nr. 9246/268/34345

Beleg 4:

schuhmacher
Einkaufsgenossenschaft e. G.

Wasserburger Straße 1 • 83022 Rosenheim
Telefon: 08031 304350 • Fax: 08031 305950

schuhmacher Einkaufsgenossenschaft e. G. • Wasserburger Straße 1 • 83022 Rosenheim

Schuhfabrik
Konstantin Schnell
Raublinger Straße 12
83022 Rosenheim

Rechnung

| | |
|---|---|
| Rechnungsnummer: | 0925 |
| Datum: | 18. November 20.. |
| Lieferdatum: | 17. November 20.. |
| Kundennummer: | 5020 |
| Bestellung: | 15. November 20.. |
| Sachbearbeiter: | Herr Stiefel |

| Artikel-Nr. | Menge | Bezeichnung | Einzelpreis | Gesamtpreis |
|---|---|---|---|---|
| 30401 | 500 m | Schnürsenkel, schwarz | 1,20 Euro | 600,00 Euro |
| | | | | 600,00 Euro |
| | | | – Rabatt 10 % | 60,00 Euro |
| | | | Warenwert, netto | 540,00 Euro |
| | | | + USt. 19 % | 102,60 Euro |
| | | | **Rechnungsbetrag** | **642,60 Euro** |

Zahlungsbedingungen: 10 Tage 3 % Skonto / 60 Tage rein netto.
Die Ware bleibt bis zur vollständigen Bezahlung unser Eigentum.
Bankverbindung: Genossenschaftsbank Rosenheim • BLZ 750 400 10 • Kontonummer: 405030
Sitz der Genossenschaft: 83022 Rosenheim • Amtsgericht Rosenheim HRB 3466
USt-IdNr. DE148164092 • Steuer-Nr. 9156/171/12160

**Lösung 63**

**Lösung 63 (Fortsetzung)**

**Aufgabe 64**

Formuliere die Geschäftsfälle zu den Eintragungen in folgendem Vorkontierungsblatt:

| BA | Datum | Soll | Haben | BNR | Text | B/N | Betrag (€) | UCo |
|---|---|---|---|---|---|---|---|---|
| B | 02. 11. | 2800 | 2880 | 2 | – | – | 1.000,00 | – |
| B | 12. 11. | 4400 | 2800 | 3 | – | – | 12.500,00 | – |
| B | 14. 11. | 6011 | 2880 | 4 | – | N | 42,00 | V 19 |
| B | 16. 11. | 6080 | 4400 | 5 | – | B | 7.140,00 | V 19 |
| B | 19. 11. | 6000 | 4400 | 6 | – | N | 15.500,00 | V 19 |

**Lösung 64**

**Aufgabe 65**

1. Formuliere zu folgenden Buchungssätzen die entsprechenden Geschäftsfälle:

| | | | | | |
|---|---|---|---|---|---|
| 1.1 | 6020 AWH | 45.000,00 € | | | |
| | 2600 VORST | 8.550,00 € | an | 4400 VE | 53.550,00 € |
| 1.2 | 6001 BZKR | 150,00 € | | | |
| | 2600 VORST | 28,50 € | an | 2880 KA | 178,50 € |
| 1.3 | 6080 AWHW | 27.000,00 € | | | |
| | 6081 BZKHW | 200,00 € | | | |
| | 2600 VORST | 5.168,00 € | an | 4400 VE | 32.368,00 € |

2. Beim Geschäftsfall 1.1 wurden 10 % Mengenrabatt gewährt. Berechne den Listeneinkaufspreis.
3. Die Eingangsrechnung 1.3 wird durch Banküberweisung beglichen. Bilde den erforderlichen Buchungssatz.
4. Bei der Buchung von Nr. 1.3 handelt es sich um den Bezug von 500 Mobiltelefonen. Ermittle den Bezugspreis je Handy.

**Lösung 65**

**Lösung 65 (Fortsetzung)**

**Aufgabe 66**

1. Formuliere den Geschäftsfall zu folgender Vorkontierung:

| KONTO | SOLL (€) | HABEN (€) |
|---|---|---|
| 6010 | 3.210,00 | |
| 6011 | 220,00 | |
| 2600 | 651,70 | |
| 4400 | | 4.081,70 |
| Gebucht: | 12. November 20.. | Glück |

2. Bilde den Buchungssatz für die Eingangsrechnung.
3. Die Begleichung der Rechnung erfolgt durch Banküberweisung. Wie lautet der Buchungssatz?

**Lösung 66**

## 4.5 Besonderheiten beim Einkauf von Werkstoffen und Handelswaren

### 4.5.1 Sofortrabatte

**Aufgabe 67**

Berechne jeweils die fehlenden Beträge, Prozentsätze und Stückzahlen.

| | 1. | | 2. | | 3. | | 4. | |
|---|---|---|---|---|---|---|---|---|
| Listeneinkaufspreis/Stück | | 7,00 € | | 20,00 € | | ????? € | | ????? € |
| Menge | | 500 Stück | | ????? Stück | | 1 500 Stück | | 800 Stück |
| Listeneinkaufspreis gesamt | | ????? € | | ????? € | | ????? € | | 6.400,00 € |
| Liefererrabatt | 15 % | ????? € | 25 % | ????? € | $33\frac{1}{3}$ % | ????? € | ????? % | ????? € |
| Zieleinkaufspreis | | ????? € | | 3.000,00 € | | 9.900,00 € | | 5.600,00 € |

**Lösung 67**

**Aufgabe 68**

Der Listeneinkaufspreis einer Digitalkamera beträgt 350,00 €. Aufgrund der Neueröffnung gewährt das Geschäft einen Sonderrabatt. Die Kamera kostet dadurch nur noch 245,00 € netto. Berechne den Prozentsatz für den Rabatt.

**Lösung 68**

**Aufgabe 69**

Wie hoch ist der Listeneinkaufspreis eines Computers, wenn nach Abzug von $33\frac{1}{3}$ % Rabatt nur noch 1.100,00 € netto zu bezahlen sind?

**Lösung 69**

**Aufgabe 70**

Um welche Art von Rabatt handelt es sich jeweils bei folgenden Geschäften von Schreibwarenhändler „Füller"?

1. Zu Beginn des Schuljahres bestellt Füller 500 Mäppchen und erhält einen Nachlass von 10 %.
2. Händler Füller kauft regelmäßig bei Großhandel „Büro Modern" ein und erhält bei jeder Bestellung 5 % Rabatt.
3. Ein Lieferer für Holzbuntstifte feiert Jubiläum und gewährt einen Monat lang auf alle Rechnungen 15 % Rabatt.
4. Der Schreibwarenhändler bezieht Kopierpapier schon 15 Jahre bei der gleichen Papierfabrik und erhält dadurch dauerhaft einen Preisnachlass bei allen Lieferungen.
5. Ein Lieferer bietet Füller Heftumschläge mit veralteten Farben zu einem reduzierten Preis an.

**Lösung 70**

**Aufgabe 71**

Entscheide, ob folgende Behauptungen richtig oder falsch sind. Berichtige die falschen Aussagen.

1. Sofortrabatte werden zur besseren Übersicht auf Unterkonten erfasst.
2. Der Zieleinkaufspreis wird vom Anbieter zuerst genannt.
3. Der Zieleinkaufspreis wird auf den jeweiligen Konten (Werkstoffe und Handelswaren) im Soll gebucht.
4. Die Bezeichnung „Eingangsrechnung" weist auf einen Zieleinkauf hin.
5. Bei Einkäufen auf Ziel ist stets das Konto 4400 Verbindlichkeiten aus L. u. L. betroffen.
6. Auf Ziel einkaufen bedeutet, dass wir nach Rechnungseingang sofort den Betrag durch Bank überweisen.

**Lösung 71**

**Lösung 71 (Fortsetzung)**

### 4.5.2 Bezugskosten im Einkaufsbereich

**Aufgabe 72**

Beim Einkauf von Werkstoffen und Handelswaren gibt es unterschiedliche Möglichkeiten, die Güter vom Lieferer zum Kunden zu transportieren.

1. Worin besteht der Unterschied zwischen folgenden Lieferungsvereinbarungen?
   – Lieferung ab Werk
   – Lieferung frei Haus
2. Der Umweltschutz soll auch beim Transport vom Werkstoffen und Handelswaren berücksichtigt werden. Erarbeite Vorschläge für einen umweltfreundlichen Transport der Güter. Recherchiere dazu auch im Internet.

**Lösung 72**

**Aufgabe 73**

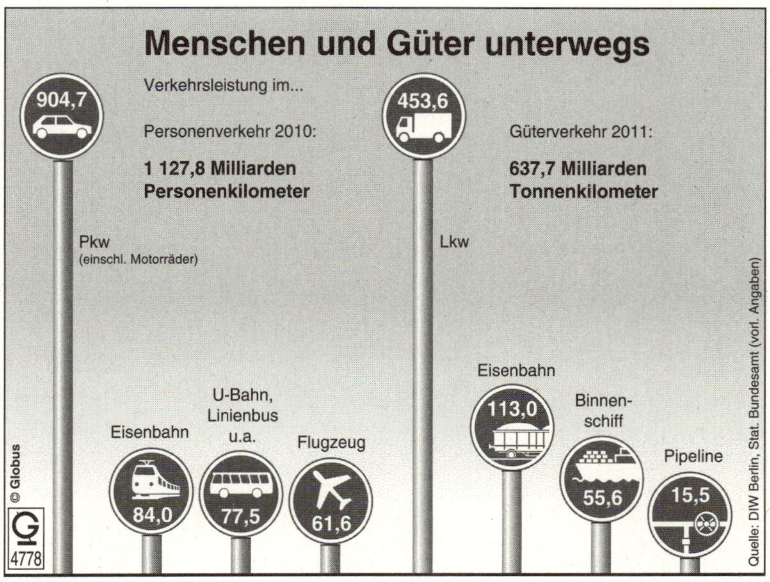


1. Welchen Sachverhalt stellt die Infografik dar?
2. Als Datenquelle wird neben dem Statistischen Bundesamt auch das „DIW Berlin“ genannt. Was bedeutet die Abkürzung „DIW“? Recherchiere im Internet.

3. Berechne den prozentualen Anteil von Lkw und Eisenbahn am Güterverkehr.
4. Wie hoch war der prozentuale Anteil der Pkws am Personenverkehr?
5. Warum ist der hohe Anteil der Pkw bzw. Lkw an der Verkehrsleistung problematisch?

**Lösung 73**

**Aufgabe 74**

Ein Fertigungsunternehmen produziert Reisekoffer. Bilde die Buchungssätze für folgende Geschäftsfälle.

| | |
|---|---|
| 1. Eingangsrechnung für Rohleder, netto | 2.000,00 € |
| 2. Bankeinzug der Gasrechnung, brutto | 1.013,55 € |
| 3. Zielkauf von 250 Reißverschlüssen | |
| Listenpreis je Stück, netto | 7,50 € |
| abzüglich 10 % Sonderrabatt | |
| zuzüglich Bezugskosten von insgesamt, netto | 15,00 € |
| 4. Banklastschrift: Rechnungsausgleich zu Nr. 1 | ????? € |
| 5. Eingangsrechnung für Futterstoffe und Garne, netto | 670,00 € |
| 6. Für die Rollkofferserie „International“ werden 400 Räder bezogen. | |
| Stückpreis, netto | 3,50 € |
| zuzüglich Fracht, netto | 240,00 € |
| 7. Wie viele Euro betragen die Bezugskosten für Fremdbauteile? | ????? € |
| 8. Wie lautet die Vorabschlussbuchung für Konto 6011 BZKF mit Betrag? | |

**Lösung 74**

**Lösung 74 (Fortsetzung)**

### 4.5.3 Rücksendungen von Werkstoffen und Handelswaren

**Aufgabe 75**

Bilde die Buchungssätze zu folgenden Geschäftsfällen, Umsatzsteuer 19 %.

| | |
|---|---|
| 1. Rücksendung beschädigter Rohstoffe an den Lieferer, netto | 3.500,00 € |
| 2. Eingangsrechnung Fremdbauteile, netto | 4.000,00 € |
| – 10 % Sofortrabatt | ????? € |
| + in Rechnung gestellte Verpackung, netto | 400,00 € |
| 3. Rücksendung der Leihverpackung für die Fremdbauteile, (siehe Nr. 2) der Lieferer schreibt 25 % des Betrages gut | ????? € |
| 4. Gutschrift vom Lieferer für Rücksendung beschädigter Hilfsstoffe, brutto | 595,00 € |
| 5. Rücksendung zuviel gesandter Handelswaren im Wert von netto | 1.200,00 € |

6. Für zurückgesandte Leihverpackung im Wert von netto schreibt uns der Rohstofflieferer 80 % gut. 450,00 €

7. Gutschrift für Teilrücksendungen von Hilfsstoffen, brutto 2.558,50 €

8. Zieleinkauf von Handelswaren, netto 5.500,00 €
Frachtkosten, netto 150,00 €

9. Von den Handelswaren (siehe Nr. 8) senden wir 30 % zurück. ????? €

**Lösung 75**

**Aufgabe 76**

1. Nenne zwei Gründe für Rücksendungen an den Lieferer.
2. Wie werden Rücksendungen buchhalterisch erfasst?
3. Sofortrabatte und Rücksendungen führen zu Verminderungen des ursprünglichen Rechnungsbetrages. Worin liegt der Unterschied bei der buchhalterischen Erfassung?
4. Bei Rücksendungen im Einkaufsbereich kann es sich um Roh-, Hilfs- und Betriebsstoffe handeln. Finde zwei weitere Beispiele.
5. Bei der Rücksendung von Leihverpackung für Fremdbauteile erfolgte eine Gutschrift von netto 200,00 €, das waren 40 % der in Rechnung gestellten Verpackung. Berechne den Bruttobetrag für die berechnete Leihverpackung.

**Lösung 76**

### 4.5.4 Nachträgliche Preisnachlässe beim Einkauf von Werkstoffen und Handelswaren (Gutschriften für Sachmängel, Boni, Skonti)

**Aufgabe 77**

Welche Buchungssätze bildet das Unternehmen Hans Glück für folgende Geschäftsfälle?

| | |
|---|---|
| 1. Zieleinkauf von Eichenholz | |
| Listenpreis, netto | 36.000,00 € |
| 12,5 % Mengenrabatt | ????? € |
| Verpackung, netto | 200,00 € |
| 2. Barzahlung der Speditionskosten, netto (siehe Nr. 1.1) | 1.000,00 € |

3. Aufgrund einer Mängelrüge erhält die Firma Glück einen Preisnachlass von 20 % auf den Nettowert des gekauften Eichenholzes (siehe Nr. 1.1) ????? €

4. Eingangsrechnung für Türgriffe, netto 3.100,00 €
   Verpackung, netto 70,00 €
   Frachtkosten, netto 50,00 €

5. Einige Türgriffe müssen zurückgeschickt werden, da sie wegen unzureichender Verpackung beschädigt wurden.
   Gutschrift des Lieferers, netto 340,00 €

6. Die Firma Glück beanstandet beim Hersteller von Drehstühlen Farbmängel.
   Der Lieferer gewährt nachträglich eine Gutschrift, brutto 238,00 €

7. Preisnachlass von Holzlieferantin Gerti Eibl wegen schadhafter Lieferung, netto 900,00 €

**Lösung 77**

**Aufgabe 78**

Welche Aussagen sind falsch? Stelle sie richtig.

1. Sofortrabatte und Gutschriften aufgrund von Sachmängeln werden auf Unterkonten erfasst.
2. Nachträgliche Nachlässe werden auf Unterkonten im Haben gebucht.
3. Die Unterkonten 6001 BZKR und 6082 NHW werden über das Hauptkonto 6080 AWHW abgeschlossen.
4. Gutschriften aufgrund von Rücksendungen oder Sachmängeln werden direkt auf dem entsprechenden Aufwandskonto im Haben gebucht (storniert).
5. Nachlässe aufgrund von Sachmängeln und Rabatte mindern den Einstandspreis.

**Lösung 78**

**Aufgabe 79**

| Soll | 6000 AWR | | Haben |
|---|---|---|---|
| 1. 4400 VE | 21.200,00 | 3. 4400 VE | 300,00 |
| 2. 4400 VE | 6.400,00 | 6002 NR | 150,00 |
| 6001 BZKR | 980,00 | 8020 GUV | 28.130,00 |
| | 28.580,00 | | 28.580,00 |

Das Konto 6000 AWR enthält sechs Eintragungen.

1. Formuliere zu jedem Geldbetrag den Geschäftsfall bzw. Buchungsvorgang.
2. Welche dieser sechs Buchungssätze gehören zu den laufenden Buchungen, welche zu den vorbereitenden Abschlussbuchungen und welche zu den Abschlussbuchungen?

**Lösung 79**

**Lösung 79 (Fortsetzung)**

**Aufgabe 80**

| | |
|---|---|
| 1. Zieleinkauf von Rohstoffen, netto | 45.000,00 € |
| abzüglich $33\frac{1}{3}$ % Rabatt | ????? € |
| 2. Barzahlung der Eingangsfracht zu Nr. 1, netto | 120,00 € |
| 3. Rücksendung mangelhafter Rohstoffe, brutto | 1.428,00 € |
| 4. Gutschriftanzeige von einem Lieferer für Fremdbauteile: | |
| Rücksendung berechneter Verpackung, netto | 150,00 € |
| Preisnachlass wegen Mängelrüge, netto | 200,00 € |
| 5. Ein Handelswarenlieferer gewährt einen Bonus von 2 %, | ????? € |
| Bruttojahresumsatz | 178.500,00 € |
| 6. Rücksendung falsch gelieferter Hilfsstoffe, netto | 480,00 € |
| 7. Gutschrift für beschädigte Fremdbauteile, brutto | 595,00 € |
| 8. Der Rohstofflieferer gewährt einen Bonus, netto | 2.000,00 € |

**Lösung 80**

**Lösung 80 (Fortsetzung)**

**Aufgabe 81**

Ein Rohstofflieferer gewährt der Fa. Glück am Jahresende einen Bonus aufgrund eines Jahresumsatzes von netto 120.000,00 €. Die Gutschrift betrug 2.856,00 € brutto. Berechne die Umsatzrückvergütung in Prozenten.

**Lösung 81**

**Aufgabe 82**

Welche Geschäftsfälle liegen folgenden Buchungen zugrunde?

| | | | | | |
|---|---|---|---|---|---|
| **1.** | 6000 AWR<br>2600 VORST | 12.000,00 €<br>2.280,00 € | an | 4400 VE | 14.280,00 € |
| **2.** | 6001 BZKR<br>2600 VORST | 240,00 €<br>45,60 € | an | 2880 KA | 285,60 € |
| **3.** | 4400 VE | 714,00 € | an | 6010 AWF<br>2600 VORST | 600,00 €<br>114,00 € |
| **4.** | 4400 VE | 1.190,00 € | an | 6082 NHW<br>2600 VORST | 1.000,00 €<br>190,00 € |
| **5.** | 6000 AWR | | an | 6001 BZKR | 300,00 € |
| **6.** | 4400 VE | 119,00 € | an | 6021 BZKH<br>2600 VORST | 100,00 €<br>19,00 € |
| **7.** | 6082 NHW | | an | 6080 AWHW | 250,00 € |

**Lösung 82**

**Lösung 82 (Fortsetzung)**

**Aufgabe 83**

Eine Kleiderfabrik erhält am Jahresende von einem Stoffhersteller einen Bonus von 1 %. Die Umsatzvergütung wurde wie folgt gebucht:

| | | | | |
|---|---|---|---|---|
| 4400 Verbindlichkeiten (VE) 1.904,00 € | an | 6002 | Nachlässe Rohstoffe (NR) | 1.600,00 € |
| | | 2600 | Vorsteuer (VORST) | 304,00 € |

Wie viele Euro betrug der Jahresumsatz (netto)?

**Lösung 83**

**Aufgabe 84**

1. Ermittle die fehlenden Werte:

| Nr. | Rechnungsbetrag | Skonto | Skonto, brutto | Skonto, netto | USt. | Überweisungsbetrag |
|---|---|---|---|---|---|---|
| 1. | 5.950,00 € | 2 % | ????? | ????? | ????? | ????? |
| 2. | ????? | 3 % | ????? | ????? | ????? | 3.462,90 € |
| 3. | ????? | 4 % | 285,60 € | ????? | ????? | ????? |
| 4. | ????? | 2,5 % | ????? | 37,50 € | ????? | ????? |

2. Bilde die Buchungssätze für die Banküberweisung unter Abzug der jeweiligen Skontobeträge, wenn es sich bei
   Nr. 1 um Rohstoffe,
   Nr. 2 um Fremdbauteile,
   Nr. 3 um Hilfsstoffe,
   Nr. 4 um Betriebsstoffe handelt.

**Lösung 84**

**Lösung 84 (Fortsetzung)**

**Aufgabe 85**

1. Wie lautet der Geschäftsfall?

| | | | | | |
|---|---|---|---|---|---|
| 4400 VE | 10.115,00 € | an | 2800 | BK | 9.811,55 € |
| | | | 6082 | NHW | 255,00 € |
| | | | 2600 | VORST | 48,45 € |

2. Wie viel Prozent Skonto wurden gewährt?
3. Wie würde der Buchungssatz bei einem Skontosatz von 2,5 % lauten?

**Lösung 85**

**Lösung 85 (Fortsetzung)**

**Aufgabe 86**

In einer Fensterfabrik sind folgende Geschäftsfälle zu buchen (USt. 19 %).

| | | |
|---|---|---|
| 1. | Einkauf von Buchenholz auf Ziel, Listenpreis netto | 36.000,00 € |
| | 5,5 % Mengenrabatt | ????? € |
| | Fracht, netto | 250,00 € |
| 2. | Fracht für Maschinenöl bar, einschließlich Umsatzsteuer | 47,60 € |
| 3. | Bonusgutschrift eines Lieferanten für Glas, 1,5 % vom Nettoumsatz 250.000,00 € | ????? € |
| 4. | Banküberweisung an ein Sägewerk für Holzlieferung abzüglich 2 % Skonto, Überweisungsbetrag | 9.329,60 € |
| 5. | Rücksendung von Dichtungsprofilen, Gutschrift netto | 1.200,00 € |
| 6. | Gutschriftanzeige des Lieferanten für Fenstergriffe aufgrund einer Mängelrüge, netto | 500,00 € |
| 7. | Banklastschrift: Stromrechnung, brutto | 791,35 € |
| 8. | Banküberweisung an den Lieferer für Schrauben, Rechnungsbetrag | 8.925,00 € |
| | abzüglich 3 % Skonto. | ????? € |
| 9. | Wegen erheblicher Qualitätsmängel muss ein Teil der gelieferten Holzbretter zurückgeschickt werden, Warenwert netto | 22.000,00 € |
| 10. | Ein Lieferant für Holzlacke erteilt eine Gutschrift, da bei der letzten Lieferung ein falscher Preis berechnet wurde, netto | 640,00 € |

**Lösung 86**

**Lösung 86 (Fortsetzung)**

## Aufgabe 87

Ein Fertigungsunternehmen hat für die Einkaufskalkulation von Rohstoffen (Vorwärtskalkulation) folgendes Rechenblatt erstellt:

| | A | B | C |
|---|---|---|---|
| 1 | **Einkaufskalkulation** | | |
| 2 | Listeneinkaufspreis | | 60.000,00 € |
| 3 | – Liefererrabatt | 20 % | = C4*B3 |
| 4 | Zieleinkaufspreis | | 48.000,00 € |
| 5 | – Liefererskonto | ????? | ????? |
| 6 | Bareinkaufspreis | | 47.040,00 € |
| 7 | ????? | | 1.500,00 € |
| 8 | Einstandspreis | | ????? |

1. Welcher Eintrag fehlt in Zelle A7?
2. Die Formel in Zelle C3 enthält Fehler. Stelle die Formel richtig.
3. Wie hoch ist der Skontobetrag in Euro?
4. Berechne den Skonto in Prozenten.
5. Wie lautet die Formel in Zelle C8 zur Berechnung des Bezugspreises?
6. Die Bezugskosten werden bar bezahlt. Bilde den Buchungssatz.
7. Wie lautet der Buchungssatz für den Zielkauf der Rohstoffe?
8. Bilde den Buchungssatz für die Banküberweisung der Rohstoffrechnung nach Abzug des Skontos.

## Lösung 87

## Aufgabe 88

ONLINEBANKING ÜBERWEISUNG

| | |
|---|---|
| **Kontonummer 56633**<br>**BLZ 707 566 08** | |
| Kontoinhaber:<br>Bank:<br>Kontonummer:<br>Druckdatum: | Hannelore Egerer, Kleiderfabrik<br>Goldbank Nürnberg<br>57088<br>26. Mai 20.. |

| **Datum** | **Empfänger** | |
|---|---|---|
| 26. Mai 20.. | **Verwendungszweck** | |
| | Stoffe<br>König Moden<br>Rechnung 246/01<br>vom 19. Mai 20..<br>nach Abzug von Skonto | 14.619,15 Euro |

Bei dieser Überweisung handelt es sich um die Bezahlung der Eingangsrechnung für die Stoffe der Herbstkollektion. Diese Rechnung wurde auf dem Konto 4400 VE wie folgt gebucht:

| S | 4400 VE | H |
|---|---|---|
| | 12. 6000<br>2600 | <br>14.994,00 |

1. Berechne den Skontobetrag in Prozent.
2. Bilde den Buchungssatz für den vorliegenden Beleg der Kleiderfabrik, Inhaberin Hannelore Egerer.

**Lösung 88**

### 4.6 Zusammenfassende Aufgaben

**Aufgabe 89**

Zehn Fragen rund um den Einkauf:

1. Welche Werkstoffe werden in einem Fertigungsunternehmen verarbeitet?
2. Worin unterscheiden sich Rohstoffe und Fremdbauteile?
3. Welches Steuerkonto ist beim Bezug von Werkstoffen und Handelswaren erforderlich?
4. Nenne drei verschiedene Beispiele für Bezugskosten.
5. Welche Stoffe zählen zu den Betriebsstoffen?
6. Was versteht man unter Handelswaren?
7. Worin besteht der Unterschied zwischen der Buchung eines nachträglichen Nachlasses und der Buchung einer Rücksendung?
8. Welche nachträglichen Nachlässe werden unterschieden?
9. Welche Gesichtspunkte sollten neben dem Preis beim Angebotsvergleich zusätzlich berücksichtigt werden?
10. Worin unterscheiden sich Bonus und Mengenrabatt?

**Lösung 89**

**Lösung 89 (Fortsetzung)**

**Aufgabe 90**

**Fehlertext**

In folgendem Text haben sich einige Fehler eingeschlichen. Schreibe den Text neu und berichtige die Mängel.

Rücksendungen, Bezugskosten, Sofortrabatte, Gutschriften aufgrund von Sachmängeln, Boni und Skonti mindern den Einkaufspreis. Nachträgliche Preisnachlässe, Sofortrabatte und Rücksendungen werden zur besseren Übersicht auf den jeweiligen Unterkonten auf der Sollseite gebucht. Infolge der Nachlässe muss auch die Vorsteuer auf der Sollseite anteilig korrigiert werden. Der Abschluss der Nachlasskonten zählt zu den vorbereitenden Abschlussbuchungen und erfolgt über das Konto 8020 Gewinn und Verlust.

**Lösung 90**

**Aufgabe 91**

Formuliere die Geschäftsfälle zu folgenden Buchungssätzen:

| | | | | | |
|---|---|---|---|---|---|
| **1.** | 6080 AWHW<br>6081 BZKHW<br>2600 VORST | 4.500,00 €<br>250,00 €<br>902,50 € | an | 4400 VE | 5.652,50 € |
| **2.** | 4400 VE | 1.428,00 € | an | 6000 AWR<br>2600 VORST | 1.200,00 €<br>228,00 € |
| **3.** | 6021 BZKH<br>2600 VORST | 130,00 €<br>24,70 € | an | 2880 KA | 154,70 € |
| **4.** | 4400 VE | 5.950,00 € | an | 2800 BK<br>6012 NF<br>2600 VORST | 5.831,00 €<br>100,00 €<br>19,00 € |
| **5.** | 4400 VE | 190,40 € | an | 6031 BZKB<br>2600 VORST | 160,00 €<br>30,40 € |
| **6.** | 6002 NR | | an | 6000 AWR | 240,00 € |
| **7.** | 4400 VE | | an | 8010 SBK | 45.678,00 € |
| **8.** | 6080 AWHW | | an | 6081 BZKHW | 200,00 € |
| **9.** | 8010 SBK | | an | 2800 BK | 22.340,00 € |
| **10.** | 8020 GUV | | an | 6000 AWR | 75.600,00 € |

**Lösung 91**

**Aufgabe 92**

Entscheide, ob diese Aussagen richtig oder falsch sind. Stelle die falschen Aussagen richtig.

1. Handelswaren ergänzen oder erweitern das Sortiment.
2. Bezugskosten vermindern den Einkaufspreis.
3. Bonus ist ein Anreiz für schnelles Zahlen.
4. Sofortrabatte, Boni, Skonti, Gutschriften aufgrund von Mängeln werden auf entsprechenden Unterkonten auf der Habenseite erfasst.
5. Mithilfe der Einkaufskalkulation lassen sich Angebote gut vergleichen.
6. Pflegemittel für Maschinen zählen zu den Hilfsstoffen.
7. Bezugskosten und nachträgliche Nachlässe werden auf entsprechenden Unterkonten gebucht.
8. Bei Zielkäufen entstehen für den Kunden Forderungen.
9. Gesetzlich dürfen höchstens 3 % Skonto gewährt werden.
10. Bei *Lieferung frei Haus* übernimmt der Käufer die Transportkosten.

**Lösung 92**

**Aufgabe 93**

1. Bilde die Buchungssätze für folgende Geschäftsfälle in einem Fertigungsunternehmen für Lederwaren.
2. Trage die Buchungen in die entsprechenden Konten ein und schließe die Konten unter Angabe des Gegenkontos ab. Benötigte Konten: 2600 VORST (Anfangsbestand 5.650,00 €), 2800 BK (Anfangsbestand 19.870,00 €), 2880 KA (Anfangsbestand 4.300,00 €), 4400 VE (Anfangsbestand 34.786,00 €), 6000 AWR, 6001 BZKR, 6002 NR, 6010 AWF, 6011 BZKF, 6020 AWH, 6022 NH, 6030 AWB, 6080 AWHW.
3. Bilde die Buchungssätze für den Vorabschluss und den Hauptabschluss.

**Geschäftsfälle:**

| | | |
|---|---|---|
| 1. | Zielkauf von Rohleder, netto<br>abzüglich $33\frac{1}{3}$ % Rabatt | 9.900,00 €<br>????? € |
| 2. | Barzahlung der Eingangsfracht für Nr. 1, brutto | 214,20 € |
| 3. | Eingangsrechnung für Reißverschlüsse, netto<br>Fracht, netto | 360,00 €<br>10,00 € |
| 4. | Das Rohleder (Nr. 1) weist kleine Mängel auf.<br>Der Lieferer gewährt eine Gutschrift, brutto | 357,00 € |
| 5. | Die Eingangsrechnung aus Nr. 1 (siehe auch Nr. 4) wird unter Abzug von 2 % durch Banküberweisung beglichen | ????? € |
| 6. | Kauf von 200 Dosen Pflegespray für Lederwaren auf Ziel, Stückpreis, netto | 2,20 € |
| 7. | Bei Geschäftsfall Nr. 6 wurde schwarzes Spray statt neutralem Spray geliefert.<br>Die Hälfte der Sendung geht zurück | ????? € |
| 8. | Der Lieferer für Rohleder gewährt am Jahresende einen Bonus von 1 % auf den Jahresumsatz von netto 160.000,00 € | ????? € |
| 9. | Zielkauf von Garnen und Nieten, netto | 1.250,00 € |
| 10. | Die Eingangsrechnung aus Nr. 9 wird innerhalb der Skontofrist durch Banküberweisung bezahlt. Überweisungsbetrag | 1.457,75 € |
| 11. | Bankeinzug der Stromrechnung, brutto | 1.442,88 € |
| 12. | Banküberweisung der Restrechnung für den Bezug von Pflegespray (siehe auch Nr. 6 und 7) | ????? € |

**Lösung 93**

**Lösung 93 (Fortsetzung)**

S 2600 VORST H

S 2800 BK H

S 2880 KA H

S 4400 VE H

S 6000 AWR H

S 6001 BZKR H

S 6002 NR H

S 6010 AWF H

S 6011 BZKF H

S 6020 AWH H

S 6022 NH H

S 6030 AWB H

**Lösung 93 (Fortsetzung)**

| S | 6080 AWHW | H |
| --- | --- | --- |
| | | |

**Aufgabe 94**

Bei der Herstellung von elektrischen Haushaltsgeräten fielen folgende Geschäftsfälle an. Bilde die erforderlichen Buchungssätze.

| | | |
|---|---|---|
| 1. | Zielkauf von Kunststoffgranulat, brutto<br>Leihverpackung, netto | 18.445,00 €<br>200,00 € |
| 2. | Rücksendung der Leihverpackung aus Nr. 1, der Lieferer schreibt 90 % gut | ????? € |
| 3. | Eingangsrechnung, 500 Motoren für elektrische Schneidemesser, Stückpreis, brutto 3,57 € | ????? € |
| 4. | Eingangsrechnung: Gasrechnung, netto | 1.347,00 € |
| 5. | Eingangsrechnung vom 20. August: Staubbeutel für die Staubsaugerserie „Turbo", netto<br>Zahlungsziel 30 Tage, bei Zahlung innerhalb von 10 Tagen 3 % Skontoabzug. | 2.200,00 € |
| 6. | Zielkauf von Schrauben, netto | 550,00 € |
| 7. | Banklastschrift: Rechnungsausgleich der Eingangsrechnung<br>siehe Nr. 5 am 29. August | ????? € |
| 8. | Ein Teil der Motoren für Schneidemesser (siehe Nr. 3) weist kleine Kratzer auf.<br>Der Lieferer erteilt eine Gutschrift in Höhe von, netto | 60,00 € |
| 9. | Banküberweisung der Verbindlichkeiten aus Nr. 6 | ????? € |
| 10. | Der Lieferer für Kleinmotoren gewährt am Jahresende<br>eine Netto-Umsatzvergütung von | 2.250,00 € |
| 11. | Zielkauf von 800 Glaskannen für die neue Kaffeemaschinenserie „Aroma",<br>Stückpreis netto 4,50 €, abzüglich 10 % Rabatt | ????? € |
| 12. | 100 Glaskannen der Lieferung aus Nr. 11 entsprechen nicht der erforderlichen Größe.<br>Für die Rücksendung der falschen Kannen erteilt der Lieferer eine entsprechende Gutschrift. | ????? € |
| 13. | Banküberweisung der Restrechnung für die Glaskannen<br>innerhalb der Skontofrist, Skontoabzug 4 % | ????? € |

**Lösung 94**

**Lösung 94 (Fortsetzung)**

**Lösung 94 (Fortsetzung)**

**Aufgabe 95**

1. Formuliere zu den Eintragungen in folgendem Vorkontierungsblatt die entsprechenden Geschäftsfälle.

| BA | Datum | Soll | Haben | BNR | Text | B/N | Betrag (€) | UCo |
|---|---|---|---|---|---|---|---|---|
| EB | 01.01. | 8000 | 4400 | 1 | – | – | 34.000,00 | – |
| B | 02.01. | 2880 | 2800 | 2 | – | – | 2.000,00 | – |
| B | 12.01. | 4400 | 2800 | 3 | – | – | 12.500,00 | – |
| B | 14.01. | 6011 | 2880 | 4 | – | N | 42,00 | V 19 |
| B | 16.01. | 6080 | 4400 | 5 | – | B | 7.140,00 | V 19 |
| B | 17.01. | 4400 | 6000 | 6 | – | N | 1.000,00 | V 19 |
| B | 20.01. | 4400 | 6081 | 7 | – | B | 238,00 | V 19 |
| B | 23.01. | 4400 | 6022 | 8 | – | N | 500,00 | V 19 |

2. Formuliere zu folgenden Buchungssätzen die Geschäftsfälle.

| | | | | |
|---|---|---|---|---|
| 2.1 6011 BZKF | 200,00 € | | | |
| 2600 VORST | 38,00 € | an | 4400 VE | 238,00 € |
| 2.2 4400 VE | 714,00 € | an | 6080 AWHW | 600,00 € |
| | | | 2600 VORST | 114,00 € |
| 2.3 6030 AWB | 400,00 € | | | |
| 6031 BZKB | 50,00 € | | | |
| 2600 VORST | 85,50 € | an | 4400 VE | 535,50 € |

3. Bilde zum Konteneintrag Nr. 1 den vollständigen Buchungssatz und formuliere danach den Geschäftsfall (USt. 19 %).

| S | 6080 AWHW | H |
|---|---|---|
| 1. 4400 | 2.500,00 | |

| | | | | |
|---|---|---|---|---|
| 4. 4400 VE | | an | 2800 BK | 238,00 € |
| 5. 4400 VE | 535,50 € | an | 6000 AWR | 450,00 € |
| | | | 2600 VORST | 85,50 € |
| 6. 8020 GUV | | an | 6020 AWH | 4.100,00 € |
| 7. 4400 VE | | an | 8010 SBK | 11.200,00 € |
| 8. 8010 SBK | | an | 2800 BK | 19.510,00 € |

Lösung 95

# 5 Verkauf von Fertigerzeugnissen und Handelswaren

## 5.1 Vorwärtskalkulation – Angebotskalkulation – Fertigerzeugnisse

### 5.1.1 Ausgangsrechnung

**Aufgabe 96**

Möbelfabrik Hans Glück

Rachelstraße 6–8 • 93059 Regensburg
Telefon: 0941 150250 • Fax: 0941 150260
E-Mail: service@glueck.xyz
Internet: http://www.hans-glueck.xyz

Hans Glück

FSC- und PEFC-zertifiziert

Hans Glück • Rachelstraße 6–8 • 93059 Regensburg

Herrn
Tobias Schreiner
Haydnstraße 26
93059 Regensburg

Rechnung

| | |
|---|---|
| Rechnungsnummer: | 8976 |
| Datum: | 04. August 20.. |
| Lieferung: | 02. August 20.. |
| Kundennummer: | 270100 |
| Bestellung: | 04. Juli 20.. |

Wir lieferten Ihnen frei Haus am 02. August 20..

| Pos. | Artikel/Bezeichnung | Menge | Einzelpreis EUR | Gesamtpreis EUR |
|---|---|---|---|---|
| 1 | Schreibtische „Junges Wohnen“ – Öko-Siegel – Serie A | 5 | 780,00 | 3.900,00 |
| | | | Warenwert | 3.900,00 |
| | | | + 19 % Umsatzsteuer | 741,00 |
| | | | Rechnungsbetrag | 4.641,00 |

Wir danken für Ihren Auftrag.

Zahlungsbedingungen: Zahlbar innerhalb von 30 Tagen.
Die gelieferte Ware bleibt bis zur vollständigen Bezahlung unser Eigentum.
Bankverbindung: A-Bank Regensburg • BLZ 750 950 00 • Kontonummer: 500306
Hans Glück, e. Kfm. • Amtsgericht Regensburg HRA 4999
USt-IdNr. DE298145299 • Steuer-Nr. 9244/211/50550

Beantworte zur Ausgangsrechnung Nr. 8976 folgende Fragen:

1. Wer hat diesen Beleg ausgestellt?
2. Wer ist in diesem Fall der Kunde?
3. Wofür wurde dieser Beleg ausgestellt?
4. Wem gehört das Konto bei der A-Bank?
5. Was bedeutet „zahlbar innerhalb von 30 Tagen“?
6. Welche Art von Rechnung liegt für das Unternehmen Schreiner vor?

**Lösung 96**

**Aufgabe 97**

In den Formularen der Firma Hans Glück werden die Beträge automatisch errechnet. Wie könnte eine Ausgangsrechnung gestaltet sein, damit die erforderlichen Berechnungen automatisch mithilfe des Computers durchgeführt werden?

**Lösung 97**

**Aufgabe 98**

Ordne folgende Begriffe dem **Einkaufs-** oder **Verkaufsbereich** zu:
Werkstoffe, Forderungen, eigene Erzeugnisse, Bezugskosten, Handelswaren, Ausgangsrechnung, Zielkauf, Vorsteuer, Umsatzsteuer, Verbindlichkeiten.

**Lösung 98**

### 5.1.2 Gewinn

**Aufgabe 99**

Für einen Computertisch sind der Firma Hans Glück Selbstkosten in Höhe von 340,00 € entstanden. Die Firma möchte den Computertisch mit einem Gewinn von 20 % verkaufen. Berechne den Verkaufspreis.

**Lösung 99**

**Aufgabe 100**

| | 1. | 2. | 3. | 4. | 5. |
|---|---|---|---|---|---|
| Selbstkostenpreis | 1.300,00 € | 1.930,00 € | 7.600,00 € | 4.960,00 € | 890,00 € |
| Gewinn | 200,00 € | 450,00 € | 1.020,00 € | 950,00 € | 280,00 € |
| Verkaufspreis | 1.500,00 € | 2.380,00 € | 8.620,00 € | 5.910,00 € | 1.170,00 € |

1. Berechne den Gewinn in Prozenten (auf 2 Dezimalstellen genau).
2. Erstelle ein Rechenblatt zu dieser Aufgabe, mit dem du den Gewinn in Prozenten berechnen kannst!

**Lösung 100**

**Aufgabe 101**

Ergänze die fehlenden Werte und berechne den Gewinn in Prozenten.

| | 1. | 2. | 3. | 4. | 5. |
|---|---|---|---|---|---|
| Selbstkostenpreis | 1.300,00 € | ????? € | 10.560,00 € | ????? € | 4.187,00 € |
| Gewinn | ????? € | 2.840,00 € | ????? € | 5.470,00 € | ????? € |
| Verkaufspreis | 1.500,00 € | 9.420,00 € | 12.790,00 € | 23.450,00 € | 5.461,00 € |

**Lösung 101**

**Aufgabe 102**

Ein Lederwarenhersteller erzielte im 1. Quartal des Jahres einen Gewinn in Höhe von 57.105,00 €. Der Selbstkostenpreis aller verkauften Waren belief sich auf 380.700,00 €. Wie viel Prozent betrug der Gewinn?

**Lösung 102**

**Aufgabe 103**

1. Berechne den Verkaufspreis (Angebotspreis):

| | 1. | 2. | 3. | 4. | 5. |
|---|---|---|---|---|---|
| Selbstkostenpreis | 10.450,00 € | 5.468,00 € | 7.986,00 € | 6.428,00 € | 8.243,00 € |
| Gewinn | 18 % | 23,5 % | 19,8 % | 21,4 % | 16,7 % |

2. Erstelle ein Tabellenblatt, mit dessen Hilfe du die Aufgabe lösen kannst.

**Lösung 103**

**Lösung 103 (Fortsetzung)**

### 5.1.3 Kundenskonto

**Aufgabe 104**

Die Firma Holzmüller fragt an, ob wir ihr 10 Büroschränke zum Stückpreis von 495,00 € liefern können. Wir kalkulieren mit 15 % Gewinn. Dem Kunden gewähren wir 3 % Skonto. Die Kalkulationsabteilung hat einen Selbstkostenpreis von 415,00 € ermittelt. Können wir Kunde Holzmüller die Büroschränke zu dem gewünschten Preis anbieten?

**Lösung 104**

**Aufgabe 105**

Berechne den Zielverkaufspreis:

| | 1. | 2. | 3. | 4. |
|---|---|---|---|---|
| Selbstkostenpreis | 485,00 € | 967,00 € | 183,20 € | 1.218,00 € |
| Gewinn | 18 % | 21 % | 17,4 % | 27 % |
| Skonto | 2 % | 3 % | 2,5 % | 3 % |

**Lösung 105**

**Lösung 105 (Fortsetzung)**

**Aufgabe 106**

Erstelle ein Rechenblatt, mit dem du ausgehend vom Selbstkostenpreis, unter Einbeziehung des Gewinns und des Kundenskontos, den Zielverkaufspreis errechnen kannst.

**Lösung 106**

**Aufgabe 107**

Berechne mithilfe des von dir erstellten Rechenblattes den Zielverkaufspreis:

| | 1. | 2. | 3. | 4. |
|---|---|---|---|---|
| Selbstkostenpreis | 2.789,00 € | 7.982,00 € | 1.978,00 € | 3.254,00 € |
| Gewinn | 26,5 % | 18,3 % | 15,9 % | 23 % |
| Skonto | 3 % | 2,5 % | 2 % | 3 % |

**Lösung 107**

**Aufgabe 108**

Eine Schreinerei kalkuliert mit 28 % Gewinn und 3 % Kundenskonto. Ein Kunde würde eine Schrankwand für 2.810,00 € in Auftrag geben. Unsere Kalkulationsabteilung hat einen Selbstkostenpreis von 2.210,00 € ermittelt.

1. Kann der Auftrag zu diesen Bedingungen angenommen werden? Begründe deine Entscheidung rechnerisch.
2. Um wie viel Euro müsste der Selbstkostenpreis gesenkt werden, damit der Auftrag angenommen werden könnte?

**Lösung 108**

### 5.1.4 Kundenrabatt

**Aufgabe 109**

Im Winterschlussverkauf werden Mäntel mit 35 % Nachlass für 162,50 € angeboten. Berechne den Nachlass und den früheren Preis in Euro.

**Lösung 109**

**Aufgabe 110**

Berechne die jeweils fehlenden Größen:

| | 1. | 2. | 3. |
|---|---|---|---|
| Zielverkaufspreis | ????? € | 3.321,00 € | 5.748,16 € |
| Kundenrabatt | 12,5 % | 18 % | ????? % |
| Nettoverkaufspreis | 2.881,60 € | ????? € | 6.248,00 € |

**Lösung 110**

**Aufgabe 111**

Unternehmer Klein muss aufgrund der Marktsituation den Angebotspreis für Gartenhäuser um 25 % senken. Dieser beträgt nunmehr 7.560,00 €.

1. Wie viel Euro beträgt die Preissenkung und der ursprünglich kalkulierte Verkaufspreis?
2. Nenne mögliche Gründe für den Preisverfall auf dem Markt.

**Lösung 111**

**Aufgabe 112**

Berechne Selbstkostenpreis und Verlust in €.

1. Barverkaufspreis 1.400,00 €, Verlust $33\frac{1}{3}$ %
2. Barverkaufspreis 2.805,00 €, Verlust 15 %

**Lösung 112**

**Aufgabe 113**

Worin unterscheidet sich die Berechnung des Liefererrabatts von der Berechnung des Kundenrabatts?

**Lösung 113**

## 5.2 Rückwärtskalkulation

**Aufgabe 114**

Berechne den Selbstkostenpreis und den Gewinn in €:

1. Nettoverkaufspreis 540,00 €, Gewinn 12,5 %
2. Nettoverkaufspreis 304,75 €, Gewinn 15 %

**Lösung 114**

**Aufgabe 115**

Wie viel Euro Gewinn erzielte ein Geschäftsmann, wenn er bei einem Barverkaufspreis von 4.409,63 € mit einem Gewinnsatz von 6,9 % rechnete?

**Lösung 115**

**Aufgabe 116**

Der Listenverkaufspreis einer Maschine wird auf 6.900,00 € festgesetzt. Das Unternehmen kalkuliert mit 5 % Kundenrabatt, 2 % Kundenskonto und 10 % Gewinn. Berechne die Selbstkosten der Maschine in €.

**Lösung 116**

**Aufgabe 117**

Finde die Bemessungsgrundlage (= 100 %) zu folgenden Kalkulationsgrößen:
Kundenskonto, Gewinn, Liefererrabatt, Kundenrabatt, Liefererskonto.

**Lösung 117**

## 5.3 Differenzkalkulation

### Aufgabe 118

Welchen Rabatt (€ und %) könnte ein Geschäftsmann seinem Kunden einräumen, wenn er beim Verkauf eines PC mit einem Selbstkostenpreis von 1.875,00 € kalkuliert und 20 % Gewinn erzielen möchte?
Der Nettoverkaufspreis der Mitanbieter liegt bei 2.500,00 €.

### Lösung 118

### Aufgabe 119

Die Metallbaufirma Karl Huber ist in der Lage, als Zusatzauftrag Hallentore in die Fertigung aufzunehmen. Sie rechnet mit Selbstkosten von 2.700,00 € je Tor. Branchenüblich erhalten die Kunden 20 % Rabatt. Kann die Firma Huber ihr Vorhaben verwirklichen, wenn der Angebotspreis bei 3.600,00 € und die Gewinnerwartung bei 5 % liegt?

### Lösung 119

**Aufgabe 120**

Ergänze folgende Kalkulationsunterlagen:

| | 1. | 2. | 3. |
|---|---|---|---|
| Selbstkostenpreis | 240,00 € | ????? € | 3.360,00 € |
| Gewinn | 12,5 % | 7,5 % | ????? % |
| Kundenskonto | 3,5 % | 2 % | 2,5 % |
| Kundenrabatt | 15 % | $33\frac{1}{3}$ % | 20 % |
| Listenverkaufspreis, netto | ????? € | 1.740,00 € | 4.523,08 € |

**Lösung 120**

**Aufgabe 121**

Berechne den Gewinn in Euro und Prozenten!

| | **1.** | **2.** | **3.** | **4.** |
|---|---|---|---|---|
| Selbstkostenpreis | 3.789,00 € | 7.985,00 € | 1.978,00 € | 3.254,00 € |
| Barverkaufspreis | 4.826,50 € | 9.218,30 € | 3.215,90 € | 4.023,00 € |

**Lösung 121**

**Aufgabe 122**

Eine Empfangstheke wird für 7.112,50 € angeboten. Der Selbstkostenpreis beträgt 4.646,83 €. Wir kalkulieren mit 20 % Gewinn. Auf den Angebotspreis gewähren wir einen Rabatt von 20 %.

Wie viel Prozent Skonto gewähren wir dem Kunden?

**Lösung 122**

**Aufgabe 123**

Die Kalkulationsabteilung ermittelt die Selbstkosten für eine Einbauküche mit 5.831,00 €. Die Kücheneinrichtung wird für 9.500,00 € angeboten. Auf den Angebotspreis gewährt der Hersteller 20 % Kundenrabatt und 3 % Kundenskonto.

Berechne den Gewinn in Euro und in Prozenten.

**Lösung 123**

**Aufgabe 124**

Ein Computerhersteller bietet ein Notebook für netto 2.999,00 € an. Sein Kunde fordert einen Rabatt von 15 %. Kann diese Forderung erfüllt werden, wenn der Gewinn nicht geschmälert werden soll? Die Selbstkosten betragen 2.094,50 €. Das Unternehmen kalkuliert mit 25 % Gewinn und 3 % Kundenskonto.

**Lösung 124**

## 5.4 Kalkulation von Handelswaren

### 5.4.1 Gemeinkosten für Handelswaren

**Aufgabe 125**

Die Kosten für Werbung zählen zu den Gemeinkosten für Handelswaren. Finde drei weitere Beispiele.

**Lösung 125**

**Aufgabe 126**

Welcher Preis ist die Bemessungsgrundlage (100 %) für die Gemeinkosten für Handelswaren?

**Lösung 126**

### 5.4.2 Vorwärtskalkulation – Einkaufskalkulation

**Aufgabe 127**

Erstelle ein Rechenblatt und berechne den Bareinkaufspreis für folgende Handelswareneinkäufe:

| Listenpreis (netto) | Rabatt | Skonto |
|---|---|---|
| 1. 25.000,00 € | 10 % | 2 % |
| 2. 8.000,00 € | 25 % | 3 % |
| 3. 18.000,00 € | 5 % | 2,5 % |

**Lösung 127**

**Aufgabe 128**

Hans Glück bezieht Handelswaren zu einem Listenpreis von 40.500,00 €. Der Lieferer gewährt 15 % Rabatt und 2,5 % Skonto. Für Fracht werden 1.300,00 € in Rechnung gestellt. Berechne den Einstandspreis.

**Lösung 128**

**Aufgabe 129**

Eine Brauerei will ihren Abnehmern auch Biergläser mit dem eigenen Firmenlogo verkaufen. Es werden 6000 Gläser bestellt. Es liegen zwei Angebote vor:

**Lieferant A:**

Pro Glas 2,45 €, 12 % Rabatt und 2 % Skonto

Es fallen folgende Bezugskosten an:

| | |
|---|---|
| Verpackung | 155,00 € |
| Fracht | 300,00 € |
| Transportversicherung | 65,00 € |

**Lieferant B:**

Pro Karton mit 24 Gläsern für 48,88 €,
Lieferung frei Haus

Ermittle das günstigere Angebot.

**Lösung 129**

**Aufgabe 130**

Für den Kauf von 1 200 Herrenhemden gleicher Qualität ist das preisgünstigere Angebot zu ermitteln.

| Angebot | Listenpreis (netto) | Rabatt | Skonto | Bezugskosten |
|---|---|---|---|---|
| A | 25,50 €/Stück | 25 % | 3 % | Verpackung 84,00 € |
| B | 220,00 €/12 Stück | – | 2 % | 2,5 % vom Bareinkaufspreis |
| C | 22,50 €/Stück | 10 % | – | Lieferung frei Haus |

**Lösung 130**

**Aufgabe 131**

Welches Angebot für Taschenrechner der gleichen Leistungskategorie ist am günstigsten? Abnahme 12000 Stück.

| Angebot | Listenpreis (netto) | Rabatt | Skonto | Bezugskosten |
|---|---|---|---|---|
| A | 25,50 €/Stück | $33\frac{1}{3}$ % | 2,5 % | frei Haus |
| B | 15.800,00 €/1000 Stück | – | – | Fracht 172,00 €<br>Zoll 688,00 € |
| C | 1.610,00 €/100 Stück | – | 3 % | Fracht 680,00 € |

**Lösung 131**

### 5.4.3 Vorwärtskalkulation – Angebotskalkulation

**Aufgabe 132**

Berechne den Einstandspreis:

| | Selbstkostenpreis | Gemeinkosten für Handelswaren |
|---|---|---|
| 1. | 287,00 € | 25 % |
| 2. | 1.345,00 € | 19 % |
| 3. | 5.436,00 € | 23,9 % |
| 4. | 4.589,00 € | 31,5 % |
| 5. | 2.167,00 € | 23,6 % |

**Lösung 132**

**Aufgabe 133**

Hans Glück hat die Esszimmergruppe „Brigitta“ als Handelsware im Angebot. Er bezieht sie für 4.368,00 € frei Lager. Zu welchem Nettoverkaufspreis kann er anbieten, wenn er mit 25 % Gemeinkosten und 12,5 % Gewinn kalkuliert und dem Kunden 2,5 % Skonto und 10 % Rabatt gewährt?

**Lösung 133**

**Aufgabe 134**

1. Kalkuliere den Listenverkaufspreis für Handelswaren zu folgenden Konditionen:

| | 1. | 2. | 3. | 4. | 5. |
|---|---|---|---|---|---|
| Einstandspreis | 467,00 € | 123,00 € | 97,50 € | 875,30 € | 496,70 € |
| Gemeinkosten für HW | 21 % | 31 % | 26,4 % | 25 % | 17,5 % |
| Gewinn | 31 % | 15 % | 35 % | 19 % | 27 % |
| Kundenskonto | 3 % | 2,5 % | 2 % | 3 % | – |
| Kundenrabatt | 12 % | – | 10 % | 15 % | 5 % |

2. Erstelle ein Rechenblatt zur Berechnung des Listenverkaufspreises.

**Lösung 134**

**Lösung 134 (Fortsetzung)**

**Lösung 134 (Fortsetzung)**

## 5.5 Rückwärtskalkulation bei Handelswaren

**Aufgabe 135**

Ermittle den Einstandspreis durch Rückwärtskalkulation:

| | 1. | 2. | 3. | 4. |
|---|---|---|---|---|
| Barverkaufspreis | 1.840,00 € | 4.970,00 € | 10.750,00 € | 14.645,00 € |
| Gewinn | 21 % | 35 % | 38 % | 29 % |
| Gemeinkosten für Handelswaren | 35 % | 65 % | 70 % | 46 % |

**Lösung 135**

**Lösung 135 (Fortsetzung)**

## Aufgabe 136

Ein Wohnzimmerschrank muss zu einem Listenverkaufspreis von 2.500,00 € angeboten werden. Hans Glück kalkuliert mit 25 % Gemeinkosten, 20 % Gewinn, 3 % Skonto und 10 % Rabatt. Wie viel Euro darf der Einstandspreis betragen?

**Lösung 136**

**Aufgabe 137**

Möbelhersteller Richter bezieht 20 Spiegel als Handelsware zum Einstandspreis von 188,00 € netto pro Stück.

1. Wie hoch ist der Listeneinkaufspreis für die ganze Lieferung, wenn der Lieferer 15 % Rabatt und 2,5 % Skonto gewährt und für Fracht 174,00 € netto in Rechnung stellt?
2. Wie lautet der Buchungssatz für die Eingangsrechnung (USt. 19 %)?
3. Wegen Mängelrüge gibt der Lieferer einen Preisnachlass von netto 350,00 €. Bilde den Buchungssatz für die Gutschrift bei Richter.

**Lösung 137**

**Aufgabe 138**

Trage die folgenden Angaben in der richtigen Reihenfolge in das Kalkulationsschema ein und berechne den aufwendbaren Listeneinkaufspreis (netto).

| | 1. | 2. | 3. |
|---|---|---|---|
| Listenverkaufspreis (netto) | 2.400,00 € | 550,00 € | 1.899,00 € |
| GKHW | 20 % | 25 % | 16,25 % |
| Bezugskosten | 15,90 € | – | 20,04 € |
| Gewinn | $8\frac{1}{3}$ % | 15 % | 12,5 % |
| Liefererrabatt | 10 % | – | 20 % |
| Liefererskonto | 3 % | 2 % | – |
| Kundenrabatt | $16\frac{2}{3}$ % | 8 % | – |
| Kundenskonto | 2,5 % | 2 % | – |

## Lösung 138

**Aufgabe 139**

Die Strickerei Großhauser will für den Winterschlussverkauf Pullover aus Shetlandwolle für 71,40 € (einschließlich 19 % Umsatzsteuer) anbieten. Die Pullover sollen als Handelsware bezogen werden.

Wie hoch darf der Listeneinkaufspreis für 100 Pullover höchstens liegen, wenn der Lieferer 12,5 % Mengenrabatt und 2 % Skonto gewährt, die Bezugskosten für die ganze Sendung 65,41 € netto betragen und Großhauser mit 22,5 % Gemeinkosten für Handelswaren und 16 % Gewinn kalkuliert?

**Lösung 139**

**Aufgabe 140**

Der Elektrounternehmer Funke will Heizlüfter als Handelsware beziehen, sie zum Listenverkaufspreis (netto) von 89,80 € anbieten und auf diesen Preis den Kunden 3 % Skonto gewähren.

Welches Preislimit frei Haus muss er seinem Lieferanten unter Berücksichtigung von 23 % Gemeinkosten für Handelswaren und 17,5 % Gewinn setzen?

**Lösung 140**

## 5.6 Differenzkalkulation bei Handelswaren

**Aufgabe 141**

Eine Handelsware soll zum Listenverkaufspreis von 2.159,00 € in unser Sortiment aufgenommen werden. Der Listeneinkaufspreis beträgt 1.540,00 €. Wir kalkulieren mit 2,5 % Einkaufsskonto, 3 % Verkaufsskonto, 60,00 € Bezugskosten und $16\frac{2}{3}$ % Gemeinkosten für Handelswaren.

Kann der erwartete Mindestgewinn von 12,5 % erreicht werden?

**Lösung 141**

**Aufgabe 142**

Berechne den Gewinn/Verlust in Euro und in Prozenten.

| | 1. | 2. | 3. |
|---|---|---|---|
| Listeneinkaufspreis | 260,00 € | 72,00 € | 1.421,60 € |
| Liefererrabatt | 5 % | – | 10 % |
| Liefererskonto | 1,5 % | 2 % | 2 % |
| Bezugskosten | 5,40 € | 2,44 € | – |
| GKHW | 20 % | 35 % | 22 % |
| Kundenskonto | – | 3 % | 2,5 % |
| Kundenrabatt | – | – | 12 % |
| Listenverkaufspreis | 326,00 € | 95,00 € | 2.080,00 € |

**Lösung 142**

**Lösung 142 (Fortsetzung)**

**Aufgabe 143**

Hans Glück wird versuchen, vom Handelsvertreter beim Einkauf von sechs Stück Komfort-Fernsehsesseln einen Mengenrabatt auf den Listeneinkaufspreis (750,00 €) zu erhalten. 25 % GKHW, 12,5 % Gewinn und 2,5 % Verkaufsskonto sollen gehalten und der Konkurrenzpreis von 1.229,00 € (einschl. 19 % USt.) nicht überschritten werden.

Wie viel % müsste der Sonderrabatt mindestens ausmachen?

**Lösung 143**

**Aufgabe 144**

In den folgenden Kalkulationen sind alle fehlenden Beträge und Prozentsätze zu errechnen.

| | 1. | | 2. | |
|---|---|---|---|---|
| | | | | |
| Listeneinkaufspreis<br>– Liefererrabatt | <br>25 % | ?????<br>115,00 € | <br>????? % | 7.200,00 €<br>????? |
| Zieleinkaufspreis<br>– Liefererskonto | <br>????? % | ?????<br>6,90 € | <br>3 % | ?????<br>183,60 € |
| Bareinkaufspreis<br>+ Bezugskosten | | ?????<br>12,60 € | | ?????<br>83,60 € |
| Bezugspreis<br>+ GKHW | <br>$33\frac{1}{3}$ % | ?????<br>????? | <br>????? % | ?????<br>????? |
| Selbstkostenpreis<br>+ Gewinn | <br>????? % | ?????<br>80,45 € | <br>????? % | 7.525,00 €<br>????? |
| Barverkaufspreis<br>+ Kundenskonto | <br>????? % | ?????<br>????? | <br>2 % | ?????<br>????? |
| Listenverkaufspreis | | 565,00 € | | 8.790,00 € |

**Lösung 144**

**Aufgabe 145**

Ein Reifenhersteller will einen Reiseatlas zum Richtpreis von 41,20 € (einschließlich 7 % USt.) an Interessenten versenden. Er bezieht 3 000 Stück zum Listeneinkaufspreis von 88.200,00 €. Der Lieferer gewährt $8\frac{1}{3}$ % Mengenrabatt. Die Bezugskosten der ganzen Sendung betragen 1.560,00 € netto, die GKHW 22,5 %.

Wie hoch ist der Gewinn in € und in Prozenten bei einem Atlas?

**Lösung 145**

**Aufgabe 146**

Beim Verkauf einer Theke wurde in der Rechnungswesenabteilung der Firma Glück folgende Angebotskalkulation (Vorwärtskalkulation) erstellt:

| | A | B | C |
|---|---|---|---|
| 1 | **Angebotskalkulation** | | |
| 2 | Selbstkostenpreis | | 3.000,00 € |
| 3 | + Gewinn | ????? | ????? |
| 4 | ????? | | 3.492,00 € |
| 5 | + Kundenskonto | 3 % | ????? |
| 6 | Zielverkaufspreis | | ????? |

1. Ergänze den fehlenden Begriff in Zelle A4.
2. Welche Formel muss zur Berechnung des Skontos in Zelle C5 eingegeben werden?
3. Berechne den Skonto in Euro.
4. Wie hoch ist der Gewinn in Euro und in Prozenten?
5. Welcher Preis bildet die Berechnungsgrundlage für den Kundenskonto?

**Lösung 146**

**Aufgabe 147**

Die Realschule Sulzbach-Rosenberg bestellt für die neuen Informatikräume 60 Drehstühle. Für diesen Auftrag wurde folgende Angebotskalkulation (Vorwärtskalkulation) erstellt:

| | A | B | C |
|---|---|---|---|
| 1 | **Angebotskalkulation** | | |
| 2 | Selbstkostenpreis | | 4.800,00 € |
| 3 | + Gewinn | 10,25 % | = C2*B4 |
| 4 | Barverkaufspreis | | ????? |
| 5 | + Kundenskonto | 2 % | ????? |
| 6 | Zielverkaufspreis | | ????? |
| 7 | + Kundenrabatt | 10 % | ????? |
| 8 | Listenverkaufspreis | | ????? |

1. Berechne den Gewinn in Euro.
2. Stelle die fehlerhafte Formel zur Berechnung des Gewinns in Zelle C3 richtig.
3. Welche Formel muss zur Berechnung des Kundenrabatts in Zelle C7 eingegeben werden?
4. Berechne die Höhe des Kundenrabatts und des Listenverkaufspreises in Euro.
5. Ermittle den Zielverkaufspreis für einen Drehstuhl.
6. Beim Zielkauf der 60 Drehstühle zu je 78,00 € netto, zuzüglich Fracht 120,00 € netto, wurde wie folgt gebucht:

| | | | | |
|---|---|---|---|---|
| 6080 AWHW | 4.680,00 € | | | |
| 6081 BZKHW | 120,00 € | | | |
| 2600 VORST | 720,00 € | an | 2800 BK | 5.520,00 € |

6.1 Der Buchungssatz enthält zwei Fehler. Stelle den Buchungssatz richtig.

6.2 Nenne zwei Beispiele für Bezugskosten.

**Lösung 147**

## 5.7 Kalkulationshilfen

### 5.7.1 Kalkulationsaufschlag

**Aufgabe 148**

Berechne den Kalkulationsaufschlag bei folgenden Zuschlagssätzen:

| | |
|---|---|
| Gemeinkosten für HW | 45 % |
| Gewinn | 55 % |
| Kundenskonto | 2 % |
| Kundenrabatt | 15 % |

Hinweis: Es empfiehlt sich bei der Berechnung des Kalkulationsaufschlages von einem angenommenen Einstandspreis von 100,00 € auszugehen.

**Lösung 148**

**Aufgabe 149**

Berechne den Kalkulationsaufschlag und ermittle mit dessen Hilfe den Listenverkaufspreis.

| | |
|---|---|
| Gemeinkosten für HW | 27 % |
| Gewinn | 41 % |
| Kundenskonto | 3 % |
| Kundenrabatt | 12,5 % |

| | | | | | | | | |
|---|---|---|---|---|---|---|---|---|
| Bezugspreis | 1. | 3.456,00 € | 3. | 588,30 € | 5. | 1.242,00 € | 7. | 234,60 € |
| | 2. | 2.345,10 € | 4. | 8.765,00 € | 6. | 417,80 € | 8. | 823,50 € |

**Lösung 149**

**Aufgabe 150**

Ein Hersteller von Kinderwägen bietet Kindersitze als Handelsware an. Er rechnet mit einem Kalkulationsaufschlag von 45 %. Der Nettoverkaufspreis für den Kindersitz „Sandy“ beträgt 217,50 €. Berechne den Einstandspreis in Euro.

**Lösung 150**

**Aufgabe 151**

Eine Kleiderfabrik bietet zur Ergänzung der Frühjahrskollektion ihren Kunden (vorwiegend Modeboutiquen) auch Ledertaschen als Handelsware an. Der Bezugspreis für eine Handtasche beträgt 80,00 €. Das Unternehmen rechnet mit einem Kalkulationsaufschlag von 75 %. Wie viel % Gewinn verbleiben dem Unternehmen, wenn beim Verkauf den Kunden 10 % Rabatt eingeräumt wird und die Gemeinkosten für Handelswaren 35 % betragen?

**Lösung 151**

**Aufgabe 152**

Für die moderne Ausstattung von Schulen bietet Hans Glück Projektionswände als Handelsware an. Der Listenverkaufspreis für eine Projektionswand beträgt netto 300,00 €. Unternehmer Glück kalkuliert mit einem Kalkulationsaufschlag von 100 %, 20 % GKHW und einem Gewinn von 40 %. Wie viel Prozent Rabatt kann der Schulleiter der Realschule Staffelstein bei diesem Geschäft aushandeln?

**Lösung 152**

### 5.7.2 Kalkulationsfaktor

**Aufgabe 153**

Der Einstandspreis für eine Waschmaschine beträgt 350,00 €. Der Händler rechnet mit einem Kalkulationsfaktor von 1,4500. Berechne den Verkaufspreis.

**Lösung 153**

**Aufgabe 154**

Der Verkaufspreis eines schnurlosen Telefons beträgt netto 132,40 €. Bei der Ermittlung des Angebotspreises wurde mit einem Kalkulationsfaktor von 1,6550 gerechnet. Ermittle den Bezugspreis.

**Lösung 154**

**Aufgabe 155**

Errechne den Kalkulationsaufschlag und leite davon den Kalkulationsfaktor ab.

| | Bezugspreis | Listenverkaufspreis |
|---|---|---|
| 1. | 36,80 € | 60,72 € |
| 2. | 55,00 € | 113,30 € |
| 3. | 850,00 € | 1.466,76 € |
| 4. | 2.244,00 € | 3.558,00 € |

**Lösung 155**

**Aufgabe 156**

Errechne den Kalkulationsfaktor und leite davon den Kalkulationsaufschlag ab.

| | Bezugspreis | Listenverkaufspreis |
|---|---|---|
| 1. | 315,00 € | 447,30 € |
| 2. | 220,00 € | 440,00 € |
| 3. | 1.616,00 € | 2.464,40 € |
| 4. | 2.120,00 € | 3.298,00 € |

**Lösung 156**

**Lösung 156 (Fortsetzung)**

## Aufgabe 157

Leite den Kalkulationsfaktor vom Kalkulationsaufschlag ab.

Kalkulationsaufschlag:

| | | |
|---|---|---|
| 1. 45 % | 3. 52,45 % | 5. 66,60 % |
| 2. $33\frac{1}{3}$ % | 4. 110,50 % | 6. 107,75 % |

**Lösung 157**

## Aufgabe 158

Welcher Kalkulationsaufschlag entspricht dem angegebenen Kalkulationsfaktor?

Kalkulationsfaktor:

| | | |
|---|---|---|
| 1. 1,4300 | 3. 2,0800 | 5. 1,6000 |
| 2. 1,5085 | 4. 1,7500 | 6. 2,2833 |

**Lösung 158**

**Aufgabe 159**

Errechne den Listenverkaufspreis.

| | Bezugspreis | Kalkulationsaufschlag | Kalkulationsfaktor |
|---|---|---|---|
| 1. | 4.206,00 € | 52,5 % | |
| 2. | 10,60 € | 66 % | |
| 3. | 2.525,00 € | | 1,5720 |
| 4. | 85,00 € | | 2,1100 |

**Lösung 159**

**Aufgabe 160**

Ein Hersteller bietet uns eine Handelsware zum Stückpreis von 2.400,00 € an. Er gewährt 2 % Skonto und liefert frei Haus.

1. Welcher Listenverkaufspreis ergibt sich bei uns, wenn wir mit 75 % Kalkulationsaufschlag rechnen?
2. Wie lautet der Buchungssatz beim Zielkauf von einem Stück (Umsatzsteuer 19 %)?

**Lösung 160**

**Aufgabe 161**

Ein Hersteller bezieht als Handelsware 250 Stück eines Gebrauchsartikels zum Einzelpreis von 29,40 €, abzüglich 6 % Rabatt und 3 % Skonto, zuzüglich 315,00 € (netto) Bezugskosten für die ganze Lieferung. Er rechnet mit einem Kalkulationsfaktor für Wiederverkäufer von 1,6500.

1. Welcher Listenverkaufspreis ergibt sich pro Stück?
2. Wie lautet der Buchungssatz für den Zieleinkauf einschließlich Bezugskosten? Der Sofortrabatt ist zu berücksichtigen (Umsatzsteuer 19 %).

**Lösung 161**

**Aufgabe 162**

Ein Büromaschinenhersteller will Tischrechner als Handelsware zum Listenverkaufspreis von 188,50 € anbieten.

1. Welchen Einstandspreis kann er aufwenden, wenn er mit dem Kalkulationsfaktor 1,7650 rechnet?
2. Bilde den Buchungssatz für den Zielkauf von vier Tischrechnern, wenn er seine Preisvorstellung verwirklichen kann (Umsatzsteuer 19 %).

**Lösung 162**

**Lösung 162 (Fortsetzung)**

**Aufgabe 163**

Ein Leuchtenhersteller kalkuliert mit folgenden Kalkulationsfaktoren für Handelswaren:

– bei Schreibtischlampen 1,6500

– bei Glühbirnen 1,7250

1. Zu berechnen ist der Listenverkaufspreis

1.1 für eine Schreibtischlampe, bezogen zum Stückpreis von 160,00 €, abzüglich 2,5 % Skonto, frei Lager,

1.2 für eine Glühbirne 100 Watt. Davon wurden 1 000 Stück für 1.220,00 € eingekauft, abzüglich 10 % Rabatt und 2 % Skonto, zuzüglich 24,40 € Fracht (netto).

2. Bilde den Buchungssatz für den Zieleinkauf von 100 Stück Schreibtischlampen als Handelsware (USt. 19 %).

3. Bilde den Buchungssatz für den Rechnungsausgleich zu Nr. 2 durch Banküberweisung, abzüglich Skonto.

**Lösung 163**

**Lösung 163 (Fortsetzung)**

**Aufgabe 164**

Ein Möbelhändler bezieht fünf Jugendzimmer „Junior Future" zu einem Listeneinkaufspreis von 1.200,00 € je Zimmer. Der Möbelhersteller gewährt 30 % Rabatt. Bei der Lieferung fallen insgesamt 300,00 € Frachtkosten an.

1. Ermittle den Einstandspreis für ein Jugendzimmer.
2. Bilde den Buchungssatz für die Eingangsrechnung für 5 Jugendzimmer (Umsatzsteuer 19 %).
3. Der Händler gewährt seinen Kunden 10 % Kundenrabatt und rechnet mit einem Kalkulationsfaktor von 1,5000 und 20 % GKHW. Wie viel Prozent Gewinn verbleiben dem Händler beim Verkauf eines Jugendzimmers unter Berücksichtigung dieser Bedingungen?
4. Bilde den Buchungssatz für die Rücksendung eines beschädigten Jugendzimmers an den Lieferer.

**Lösung 164**

Lösung 164 (Fortsetzung)

# 6 Umsatzerlöse

## 6.1 Betriebliche Leistungserstellung

**Aufgabe 165**

Bei der Herstellung von Sportschuhen werden verschiedene Werkstoffe verarbeitet. Ordne folgende Beispiele den entsprechenden Begriffen (Rohstoffe, Fremdbauteile, Hilfsstoffe, Betriebsstoffe) zu und bestimme auch die Handelswaren.

Schuhbürste, Farbe, Ösen, Schnürsenkel, Leder, Stifte, Absatzgummi, Strom, Kleber, Schuhcreme, Reinigungsmittel für Maschinen, Schuhlöffel.

**Lösung 165**

**Aufgabe 166**

1. Untersuche in Gruppenarbeit die Produktionsfaktoren einer Schuhfabrik, in einer Hosenfabrik, in einem Unternehmen der Lebensmittelindustrie (z. B. Konservenfabrik) und in einem Reisebüro.
2. Bestimme auch die Produktionsfaktoren eines dir bekannten Fertigungsbetriebes deines Wohn- bzw. Schulortes.

**Lösung 166**

**Aufgabe 167**

Um seine Gewinnsituation zu verbessern, sucht ein Unternehmer nach Möglichkeiten, die Kosten in den Bereichen Einkauf, Fertigung und Verkauf/Vertrieb zu senken.

1. Unterbreite Vorschläge für die Einsparung von Kosten in den Teilbereichen.
2. Gibt es neben der Kostenersparnis noch andere Möglichkeiten der Gewinnsteigerung?

**Lösung 167**

## 6.2 Buchen der Umsatzerlöse

### 6.2.1 Die Umsatzsteuer

**Aufgabe 168**

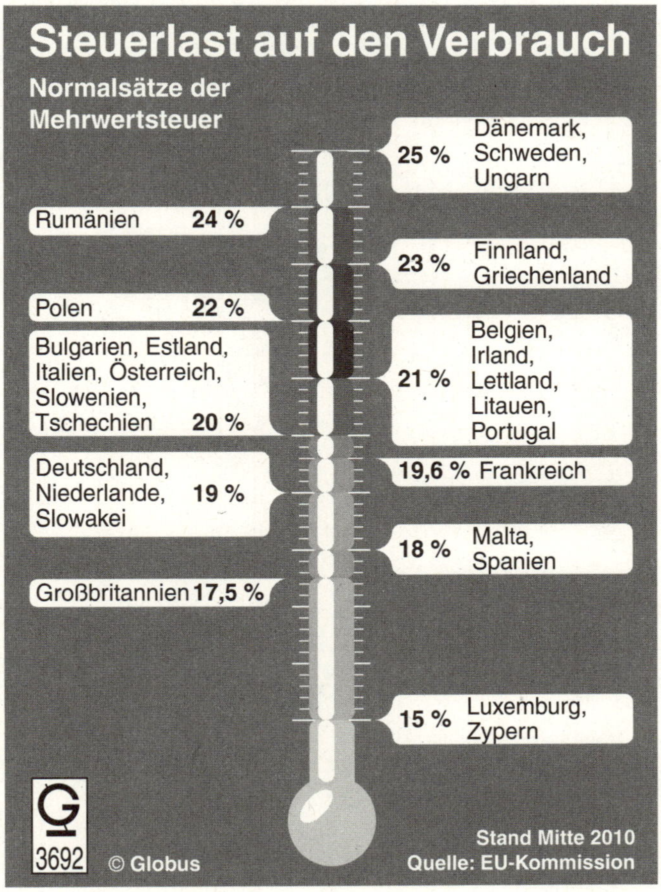


Erkläre das Schaubild mit der Drei-Schritt-Methode.

**Lösung 168**

**Aufgabe 169**

Bildet verschiedene Arbeitsgruppen.

Jede Gruppe erkundigt sich in den Geschäften nach den Preisen verschiedener Güter des täglichen Bedarfs (z. B. Butter, Mehl, Ringbücher, Kleidung, CD-Player, Musik-CDs). Dabei übernimmt jede Gruppe ein anderes Warensortiment, z. B. Lebensmittel oder Produkte der Unterhaltungsindustrie (z. B. CD-Player), und berechnet aus den Preisen den jeweiligen Umsatzsteueranteil.

**Lösung 169**

## 6.2.2 Die Umsatzsteuer im Unternehmen

## 6.2.3 Zahllast

### Aufgabe 170

Bildet drei Arbeitsgruppen:

- Gruppe A betreibt eine Landwirtschaft mit Getreideanbau.
- Gruppe B betreibt eine Getreidemühle.
- Gruppe C betreibt eine Bäckerei.

Folgende Nettoverkaufswerte sind gegeben:

Landwirtschaft: 2.000,00 €
Mühlenbetrieb: 2.400,00 €
Bäckerei: 3.200,00 €
Umsatzsteuersatz?

Für jede dieser drei Wirtschaftsstufen sind die Rechnungen auszustellen und die Umsatzsteuer-Zahllast zu ermitteln.

### Lösung 170

**Lösung 170 (Fortsetzung)**

**Aufgabe 171**

Fischprodukte wie z. B. Bratheringe oder Fischfilet werden nur mit 7 % Umsatzsteuer belastet. Dagegen aber Kaviar, Hummer oder Austern mit 19 %.

1. Wie kannst du dir den Unterschied erklären?
2. Ist eine derart unterschiedliche Besteuerung gerechtfertigt? Begründe deine Meinung.

**Lösung 171**

**Aufgabe 172**

Von den nachstehenden Aussagen sind nur **zwei** richtig. Gib die Kennbuchstaben für die zwei richtigen Aussagen an und begründe deine Entscheidung.

| Aussage | Kennbuchstabe |
|---|---|
| Die Umsatzsteuer belastet immer den Hersteller. | A |
| Der ermäßigte Steuersatz gilt für Grundnahrungsmittel. | B |
| Die Zahllast ist die Summe aller Steuerzahlungen eines Unternehmens an das Finanzamt. | C |
| Alle Euro-Länder haben einheitliche Umsatzsteuersätze. | D |
| Das Konto Vorsteuer ist ein aktives Bestandskonto. | E |

**Lösung 172**

**Aufgabe 173**

Angenommen, ein Auto gleichen Fabrikats und gleicher Ausstattung kostet in Österreich und Deutschland den gleichen Netto-Preis von 20.000,00 €. Wie viel kostet der Wagen (ohne Berücksichtigung von Preisnachlässen)

1. für den österreichischen und
2. für den deutschen Autokunden?

Den in Österreich gültigen Umsatzsteuersatz findest du auf Seite 137 bzw. im Internet.

**Lösung 173**

**Aufgabe 174**

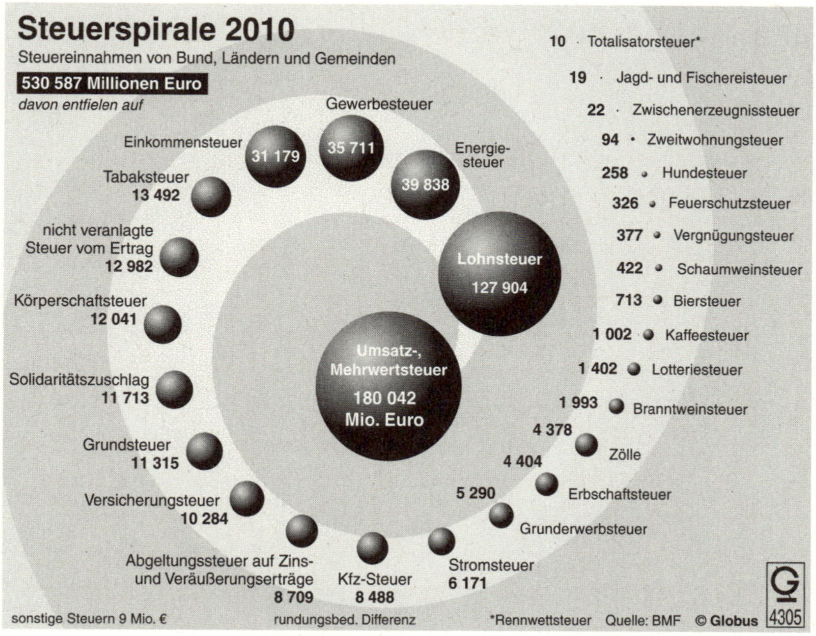


Betrachte das Schaubild zu den Steuern.

1. Erkläre das Schaubild nach der DREI-SCHRITT-METHODE.
2. Berechne den prozentualen Anteil der Umsatz(Mehrwert-)steuer an den gesamten Steuereinnahmen von Bund, Ländern und Gemeinden des Jahres 2010.
3. Rauchen schädigt unbestritten die Gesundheit. Es belastet aber auch den „Geldbeutel". Begründe diese Aussage. Nimm dazu die Steuergrafik oben zu Hilfe.

**Lösung 174**

**Aufgabe 175**

1. Ermittle die Umsatzsteuer und den Bruttoverkaufspreis, wenn der Nettoverkaufspreis über 4.500,00 € lautet (Umsatzsteuer 19 %).
2. Ein Mühlenbetrieb verkauft Mehl an eine Großbäckerei im Wert von 21.000,00 € netto. Berechne den Bruttoverkaufspreis (Steuersatz?).
3. Ein Realschüler hat im Elektrofachgeschäft einen CD-Player für 83,30 € erworben. Er möchte gerne den Betrag der Umsatzsteuer (19 %) am Gesamtpreis wissen. Ermittle diesen.
4. Von einer Rechnung sind nur folgende Angaben bekannt:

| | |
|---|---|
| Listenverkaufspreis, netto | ????? € |
| + 19 % Umsatzsteuer | 1.615,00 € |
| Rechnungsbetrag, brutto | ????? € |

Berechne die fehlenden Größen.

**Lösung 175**

**Aufgabe 176**

Familie Geruhsam macht Urlaub in Italien. Frau Geruhsam erwirbt in einer Boutique eine modische Bluse für 95,20 €. Wie viel € Umsatzsteuer sind in diesem Preis enthalten? (Siehe Schaubild Seite 137)

**Lösung 176**

**Aufgabe 177**

Welches Finanzamt ist für deinen Wohnort/Schulort für die Steuererhebung des Staates zuständig?

**Lösung 177**

**Aufgabe 178**

Nenne zwei Umsätze, für die der ermäßigte Steuersatz gilt.

**Lösung 178**

______________________________________________

**Aufgabe 179**

Nenne drei Beispiele für steuerfreie Umsätze.

**Lösung 179**

______________________________________________

**Aufgabe 180**

Ergänze folgenden Text:

1. Die beim Einkauf von Betriebsstoffen zu zahlende Umsatzsteuer heißt ____________________; sie stellt eine ____________________ gegenüber dem Finanzamt dar.

2. Die Steuer, die beim Verkauf von Fertigerzeugnissen in Rechnung gestellt wird, bezeichnet man als ____________________; sie stellt eine ____________________ gegenüber dem Finanzamt dar.

3. Die Zahllast ist die Differenz zwischen ____________________ und ____________________.

**Aufgabe 181**

Welche Art von Rechnung liegt vor?
Die Fa. Hans Glück erhält von der Elektrofirma Volt eine Rechnung für die Reparatur einer Maschine.

**Lösung 181**

______________________________________________

**Aufgabe 182**

Im Rahmen einer betriebsinternen Fortbildung für Mitarbeiterinnen und Mitarbeiter eines Unternehmens werden unter anderem Übungen zur Vorkontierung von Geschäftsfällen durchgeführt.

Dazu liegt ein Blatt mit folgenden Kontierungen (Buchungssätzen) vor:

| Datum | Soll | Haben | Text (Geschäftsfall) | Betrag (S) € | Betrag (H) € |
|---|---|---|---|---|---|
| 12. 03. | 2400 | 5000<br>4800 | ?????<br>????? | 5.117,00 | 4.300,00<br>817,00 |
| 08. 07. | 4800 | 2800 | ????? | 6.870,00 | 6.870,00 |

Welche Geschäftsfälle (Text, Beträge) liegen den Eintragungen im Vorkontierungsblatt zum 12. März und zum 8. Juli zugrunde?

**Lösung 182**

______________________________________________

______________________________________________

### 6.2.4 Verkauf von Fertigerzeugnissen

**Aufgabe 183**

Eine Großschreinerei bietet Fertigtüren an. Der Angebotspreis je Stück beträgt netto 950,00 €.

1. Bilde den Buchungssatz für eine Ausgangsrechnung über fünf Türen (USt. 19 %).
2. Berechne den Gewinn in Euro und in Prozenten, wenn der Unternehmer mit einem Selbstkostenpreis von 825,00 € kalkuliert.

**Lösung 183**

**Aufgabe 184**

Bilde die Buchungssätze (USt. 19 %):

1. Verkauf von Fertigerzeugnissen auf Ziel, netto 4.800,00 €.
2. Ausgangsrechnung (AR) für Fertigprodukte, brutto 1.428,00 €, einschließlich 19 % Umsatzsteuer.
3. Ein Jeanshersteller verkauft Jeans an eine Boutique, die Umsatzsteuer beträgt 399,00 €, der Steuersatz 19 %. Ermittle den Nettoverkaufspreis der Sendung und buche den Vorgang beim Hersteller.

**Lösung 184**

**Aufgabe 185**

Welche der folgenden Aussagen treffen zu? Begründe deine Entscheidung.

| | richtig oder falsch | |
|---|---|---|
| 1. Der Umsatz entspricht dem Gewinn eines Unternehmens. | ????? | ????? |
| 2. Die Umsatzerlöse aus dem Verkauf von Fertigerzeugnissen stellen die wesentliche Basis für die Ertragslage einer Firma dar. | ????? | ????? |
| 3. Die Buchung von Umsatzerlösen erfolgt auf aktiven Bestandskonten. | ????? | ????? |
| 4. Unter Selbstkosten versteht man die reinen Herstellungskosten eines Produktes. | ????? | ????? |
| 5. Die Umsatzsteuer verteuert nur für den Verbraucher die Waren. | ????? | ????? |

**Lösung 185**

### 6.2.5 Verkauf von Handelswaren

**Aufgabe 186**

Die Firma Hans Glück stellt über die Lieferung von Handelswaren an die Firma Braun in Nürnberg folgende Ausgangsrechnung aus:

Möbelfabrik Hans Glück

Rachelstraße 6–8 • 93059 Regensburg
Telefon: 0941 150250 • Fax: 0941 150260
E-Mail: service@glueck.xyz
Internet: http://www.hans-glueck.xyz

FSC- und PEFC-zertifiziert

Hans Glück • Rachelstraße 6–8 • 93059 Regensburg

Büromöbel
H. G. Braun
Tulpenstraße 11
90439 Nürnberg

**Rechnung**

Rechnungsnummer: 3212
Datum: 20. März 20..
Kundennummer: 6728
Bestellung: 07. März 20..

Wir lieferten Ihnen frei Haus am 18. März 20..:

| Pos. | Artikel/Bezeichnung | Menge | Einzelpreis EUR | Gesamtpreis EUR |
|---|---|---|---|---|
| 1 | Bürostühle, Art.-Nr.: 4030 | 10 | 350,00 | 3.500,00 |
| | | | Warenwert | 3.500,00 |
| | | | + 19 % Umsatzsteuer | 665,00 |
| | | | Rechnungsbetrag | 4.165,00 |

Wir danken für Ihren Auftrag.

Zahlungsbedingungen: Zahlbar innerhalb von 30 Tagen.
Die gelieferte Ware bleibt bis zur vollständigen Bezahlung unser Eigentum.
Bankverbindung: A-Bank Regensburg • BLZ 750 950 00 • Kontonummer: 500306
Hans Glück, e. Kfm. • Amtsgericht Regensburg HRA 4999
USt-IdNr. DE298145299 • Steuer-Nr. 9244/211/50550

1. Wie bucht die Firma Glück diese Ausgangsrechnung?
2. Die Firma Braun überweist den Gesamtbetrag per Bank. Bilde den Buchungssatz bei Firma Glück.

**Lösung 186**

**Aufgabe 187**

Die Firma Glück hat noch folgenden Geschäftsfall zu buchen:

Zielverkauf von fünf Haustüren, Gesamtpreis, brutto 19.040,00 €.

**Lösung 187**

**Aufgabe 188**

Die Firma Florian Saubermann stellt neben anderen Elektrogeräten auch Staubsauger her.
Bei welchen der folgenden Artikel handelt es sich um Handelswaren?

Elektromotoren, Kunststoffgehäuse, Staubsaugerbeutel, Messingschrauben, Bürstenaufsätze, Elektroschalter, Verlängerungskabel.

**Lösung 188**

**Aufgabe 189**

Welche Geschäftsfälle liegen folgenden Buchungssätzen zugrunde?

| | | | | |
|---|---|---|---|---|
| 1. 6080 AWHW | 4.500,00 € | | | |
| 2600 VORST | 855,00 € | an | 4400 VE | 5.355,00 € |
| 2. 2400 FO | 6.307,00 € | an | 5100 UEHW | 5.300,00 € |
| | | | 4800 UST | 1.007,00 € |

**Lösung 189**

## 6.3 Sofortrabatte beim Verkauf von Fertigerzeugnissen und Handelswaren

### Aufgabe 190

In der Abteilung „Rechnungswesen“ eines Unternehmens erkrankt die Sachbearbeiterin. Sie hatte für ein Produkt noch folgende Kalkulation (Handelswaren) erstellt:

| | |
|---|---|
| Selbstkostenpreis | ????? € |
| + Gewinn 5 % | ????? € |
| Barverkaufspreis | ????? € |
| ? Rabatt ? % | 58,80 € |
| Listenverkaufspreis, netto | 735,00 € |

1. Ergänze die fehlenden Posten.
2. Buche den Zielverkauf für 20 Produkte, wenn der Rabatt sofort gewährt wird.
3. Löse die Teilaufgabe 1 mithilfe eines Rechenblatts.

### Lösung 190

### Aufgabe 191

Der Katalogpreis der Möbelfabrik Glück für PC-Tische mit Öko-Siegel liegt bei netto 220,00 €, Umsatzsteuer 19 %.

1. Wie hoch ist der Gewinn (€ und %), wenn bei einem Selbstkostenpreis von 170,00 € 5 % Mengenrabatt gewährt werden?
2. Wie hoch ist der Gewinn (€ und %) nach einer Preissenkung von 10 %?
3. Nach der Preissenkung werden 25 PC-Tische mit dem kalkulierten Rabatt verkauft. Buche die Ausgangsrechnung!
4. Löse die Teilaufgabe Nr. 1 und Nr. 2 mittels eines Rechenblattes der Tabellenkalkulation.

### Lösung 191

**Lösung 191 (Fortsetzung)**

**Aufgabe 192**

Bilde den Buchungssatz für die Schuhfabrik „Leichtlauf“:
Verkauf von Schuhpflegeartikeln auf Ziel, netto 1.400,00 €, abzüglich 15 % Rabatt, zuzüglich 19 % Umsatzsteuer.

**Lösung 192**

**Aufgabe 193**

Entscheide, ob richtig oder falsch! Berichtige die falschen Aussagen.

1. Der Rabatt ist ein nachträglicher Preisnachlass.
2. Händler sind verpflichtet, ihren Kunden einen Rabatt einzuräumen.
3. Für Rabatte wird deshalb kein Konto eingerichtet, weil sie sofort vom Rechnungsbetrag abgezogen werden.

**Lösung 193**

## 6.4 Versandkosten im Verkaufsbereich (Verpackungsmaterial und Ausgangsfrachten)

**Aufgabe 194**

1. Bilde den Buchungssatz für den Verkauf von Fertigerzeugnissen auf Ziel, netto 26.800,00 €. Dem Kunden werden netto 350,00 € Fracht und netto 550,00 € für Spezialverpackung in Rechnung gestellt (19 % USt.).
2. Wie bucht der Kunde diesen Geschäftsfall? (Beim Kunden handelt es sich um einen Einkauf von Handelswaren.)

**Lösung 194**

**Aufgabe 195**

Bilde die Buchungssätze für die folgenden Geschäftsfälle (19 % USt.):

1. Kauf von Verpackungsmaterial, netto 700,00 €, auf Ziel.
2. Versandkosten werden bar bezahlt, brutto 190,40 €.

**Lösung 195**

**Aufgabe 196**

Welche Geschäftsfälle liegen folgende Buchungssätze zugrunde?

| | | | | |
|---|---|---|---|---|
| 1. 6040 AWVM | 340,00 € | | | |
| 2600 VORST | 64,60 € | an | 2880 KA | 404,60 € |
| 2. 6021 BZKH | 700,00 € | | | |
| 2600 VORST | 133,00 € | an | 4400 VE | 833,00 € |
| 3. 5000 UEFE | 150,00 € | | | |
| 4800 UST | 28,50 € | an | 2400 FO | 178,50 € |

**Aufgabe 197**

Wie wirken sich nachstehende Lieferbedingungen für den Kunden aus?

- Lieferung frei Haus,
- Lieferung ab Fabrik.

**Lösung 197**

### 6.5 Rücksendungen von Fertigerzeugnissen und Handelswaren

**Aufgabe 198**

Möbelfabrik Hans Glück

Rachelstraße 6–8 · 93059 Regensburg
Telefon: 0941 150250 · Fax: 0941 150260
E-Mail: service@glueck.xyz
Internet: http://www.hans-glueck.xyz

FSC- und PEFC-zertifiziert

Hans Glück

Hans Glück · Rachelstraße 6–8 · 93059 Regensburg

Fa. Monika Klug
Möbelhaus
Bienenweg 10
86199 Augsburg

Regensburg, 09. Oktober 20..

Mängelrüge vom 07. Oktober 20..

Sehr geehrte Damen und Herren,

wir bedauern sehr, dass die gelieferten zehn Computertische die geschilderten Material- und Lackfehler aufweisen.

Bitte senden Sie die Tische auf unsere Gefahr und Kosten zurück. Wir schreiben Ihnen wunschgemäß den Kaufpreis in Höhe von 6.902,00 Euro einschließlich 19 % Umsatzsteuer gut.

Mit freundlichen Grüßen

*Hans Glück*

USt-IdNr. DE298145299 · Steuer-Nr. 9244/211/50550

1. Bilde den Buchungssatz für die ursprüngliche Ausgangsrechnung: Lieferung der PC-Tische.
2. Buche die Rücksendung aufgrund der Mängelrüge der Firma Klug. (Die Gutschrift ergibt sich aus dem Beleg.)

**Lösung 198**

**Aufgabe 199**

Warum muss bei Rücksendungen durch Kunden die Umsatzsteuer berichtigt werden?

**Lösung 199**

**Aufgabe 200**

Bilde die Buchungssätze.

| | |
|---|---|
| 1. Verkauf von Fertigerzeugnissen auf Ziel, | |
| Listenpreis, netto | 2.800,00 € |
| abzüglich 20 % Rabatt | ????? € |
| + 19 % USt. | ????? € |
| 2. Der Kunde sendet Fertigerzeugnisse zurück, | |
| Gutschrift einschließlich 19 % USt. | 714,00 € |
| 3. Ein Kunde sendet die berechnete Leihverpackung, in der | |
| Fertigerzeugnisse versandt wurden, zurück, netto | 150,00 € |
| Wir schreiben 80 % gut. | |

**Lösung 200**

**Aufgabe 201**

Bilde jeweils den Buchungssatz für folgende Rechnung:

1. aus der Sicht der Firma Immergrün, Säge- und Hobelwerk,
2. aus der Sicht der Firma Tischler, Möbelfabrik.

Gebrüder Immergrün GmbH
Säge- und Hobelwerk

Buchenstraße 4 • 92318 Neumarkt
E-Mail: info@immergruen.xyz
Telefon: 09181 3490
Fax: 09181 341010

FSC- und PEFC-zertifiziert

Gebrüder Immergrün GmbH • Buchenstraße 4 • 92318 Neumarkt

Möbelfabrik
Horst Tischler
Rosenhofstraße 7
90478 Nürnberg

Rechnung

| | |
|---|---|
| Seite: | 1 |
| Rechnungsnummer: | 002124 |
| Datum: | 17. März 20.. |
| Lieferdatum: | 16. März 20.. |
| Kundennummer: | 7770 |
| Bestellung: | 14. März 20.. lt. Fax |

| Menge | Artikel | Einzelpreis (EURO) | Gesamtpreis (EURO) |
|---|---|---|---|
| 3 m² | Profilbretter, A-Sortierung | 1.180,00 | 3.540,00 |
| 5 m² | Furniere, Eiche | 78,00 | 390,00 |
| | | Warenwert | 3.930,00 |
| | | – 10 % Rabatt | 393,00 |
| | | Nettobetrag | 3.537,00 |
| | | + 19 % Umsatzsteuer | 672,03 |
| | | **Rechnungsbetrag** | **4.209,03** |

**Lieferung:** Frei Haus.
**Zahlung:** 30 Tage rein netto.

Die gelieferte Ware bleibt bis zur vollständigen Bezahlung unser Eigentum.
Bankverbindung: Oberpfalzbank Neumarkt • BLZ 713 244 00 • Kontonummer: 4799
Geschäftsführer: Vitus Immergrün/Kilian Immergrün • Amtsgericht Neumarkt HRA 9103
USt-IdNr. DE157069434 • Steuer-Nr. 9235/213/66010

**Lösung 201**

**Aufgabe 202**

1. Bilde aufgrund nachstehender Ausgangsrechnung den Buchungssatz für die Lieferung aus der Sicht der Firma Horst Tischler.
2. Ermittle aus der Rechnung Nr. 002124 (siehe Aufgabe 201) und Rechnung Nr. 0004711 die Zahllast der Firma Tischler.
3. Die Zahllast wird durch Banküberweisung an das Finanzamt abgeführt. Bilde den Buchungssatz.
4. Stelle den Vorgang auf T-Konten dar.

**Möbelfabrik Horst Tischler**
Rosenhofstraße 7
90478 Nürnberg
Telefon: 0911 5020 • Fax: 0911 502060
E-Mail: service@moebelfabrik.xyz
Internet: http://www.moebelfabrik.xyz

**Feine Möbel**

Möbelfabrik Horst Tischler • Rosenhofstraße 7 • 90478 Nürnberg

Young Fashion
Möbelhaus
Steinerweg 20
81241 München

**Rechnung**
Rechnungsnummer: 0004711
Datum: 30. März 20..
Lieferdatum: 28. März 20..
Kundennummer: 02910
Bestellung: 13. März 20..

Wir lieferten Ihnen „Frei Haus“:

| Pos. | Artikel/Bezeichnung | Menge | Einzelpreis EUR | Gesamtpreis EUR |
|---|---|---|---|---|
| 1 | Jugendschränke | 20 | 1.500,00 | 30.000,00 |
| | | | Warenwert, netto | 30.000,00 |
| | | | + Versand und Verpackung | 350,00 |
| | | | | 30.350,00 |
| | | | Umsatzsteuer 19 % | 5.766,50 |
| | | | Rechnungsbetrag | 36.116,50 |

Wir danken für Ihren Auftrag.

Zahlungsbedingungen: Zahlbar innerhalb von 30 Tagen, rein netto.
Die gelieferte Ware bleibt bis zur vollständigen Bezahlung unser Eigentum.
Bankverbindung: Pegnitzbank Nürnberg • BLZ 712 501 00 • Kontonummer 468231
Horst Tischler, e. Kfm. • Amtsgericht Nürnberg HRA 2815
USt-IdNr. DE406034877 • St.-Nr. 9238/260/9270

**Lösung 202**

**Aufgabe 203**

Die Elektrogerätefabrik Fink stellt Waschmaschinen für Gewerbebetreibende zum Selbstkostenpreis von 1.304,56 € her. Fink kalkuliert mit 12 % Kundenrabatt und 14 % Gewinn.

1. Wie hoch ist der Angebotspreis (netto) für eine Waschmaschine?
2. Fink verkauft fünf Maschinen auf Ziel. Buche den Vorgang (USt. 19 %).
3. Nach einem Modellwechsel werden die Waschmaschinen nur noch zu einem Nettopreis von 1.600,00 € verkauft. Auf wie viel % sinkt der Gewinn, wenn der Selbstkostenpreis unverändert bleibt und auch der Rabatt weiterhin gewährt werden soll?

**Lösung 203**

**Aufgabe 204**

Ein Hersteller von Kunststoffgehäusen bezieht Rohstoffe zum Listeneinkaufspreis von 6.400,00 € netto.

1. Berechne den Einstandspreis der Rohstoffe, wenn der Vorlieferant 10 % Rabatt einräumt und frei Haus liefert.
2. Wie lautet der Buchungssatz, wenn die Rohstoffe auf Ziel bezogen werden (USt. 19 %)?
3. Die Eingangsrechnung (siehe 2) wird durch Banküberweisung beglichen. Bilde den Buchungssatz.
4. Wie hoch ist der Kundenrabatt in € und %, wenn der Selbstkostenpreis 7.680,00 € beträgt und der Hersteller die eigenen Produkte zu einem Nettopreis von 9.600,00 € verkauft und einen Gewinn von 15 % erzielen will?

**Lösung 204**

**Lösung 204 (Fortsetzung)**

### Aufgabe 205

1. Welche zwei Geschäftsfälle wurden auf nachstehenden T-Konten gebucht?

| S | 2400 FO | | H |
|---|---|---|---|
| 8000 EBK | 9.500,00 | 1. 5000 UEFE, 4800 UST | 833,00 |
| 2. 5000 UEFE, 4800 UST | 2.380,00 | | |

| S | 5000 UEFE | | H |
|---|---|---|---|
| 1. 2400 FO | 700,00 | 2. 2400 FO | 2.000,00 |

| S | 4800 UST | | H |
|---|---|---|---|
| 1. 2400 FO | 133,00 | 2. 2400 FO | 380,00 |

2. Nenne zwei Gründe für die Rücksendung von verkauften Fertigerzeugnissen.
3. Warum muss bei Rücksendungen die Umsatzsteuer berichtigt werden?
4. Bilde den Buchungssatz für den Abschluss des Kontos 2400 FO.
5. Auf welchem Konto erfolgt der Abschluss des Kontos 5000 UEFE?

**Lösung 205**

## 6.6 Nachträgliche Preisnachlässe beim Verkauf von Fertigerzeugnissen und Handelswaren (Gutschriften für Sachmängel, Boni, Skonti)

### Aufgabe 206

Bilde die Buchungssätze für folgende Geschäftsfälle. (USt. 19 %)

1. AR-Nr. 1345: Fertigerzeugnisse, netto 3.000,00 €.
2. Aufgrund einer Mängelrüge wird dem Kunden (siehe Nr. 1) eine Gutschrift in Höhe von 5 % gewährt.

2.1 Ermittle den Gutschriftsbetrag zunächst im Kopf!

2.2 Bilde den Buchungssatz.

3. Zielverkauf von Handelswaren, netto 1.500,00 €.
4. Gutschrift an den Kunden: 8 % Nachlass wegen fehlerhafter Lieferung (siehe Nr. 3).

**Lösung 206**

**Aufgabe 207**

Nimm zu folgenden Fragen Stellung:

1. Unter welcher Voraussetzung wird ein Unternehmer eine schadhaft gelieferte Ware
   - behalten oder
   - zurücksenden?
2. Das Unternehmen Glück liefert mangelhafte Fertigerzeugnisse.
   Fall 1: Der Kunde sendet die beschädigten Fertigerzeugnisse zurück.
   Fall 2: Unternehmer Glück gewährt dem Kunden einen nachträglichen Preisnachlass.
   Worin besteht der Unterschied bei der Buchung der beiden Fälle?

**Lösung 207**

**Aufgabe 208**

Welcher Geschäftsfall liegt folgendem Buchungssatz zugrunde?

5100 UEHW an 5101 EBHW 360,00 €

**Aufgabe 209**

Worin besteht der wesentliche Unterschied zwischen Sofortrabatten und Nachlässen aufgrund von Mängelrügen?

**Lösung 209**

**Aufgabe 210**

Worin besteht der Unterschied zwischen einem Treuerabatt und einem Bonus?

**Lösung 210**

**Aufgabe 211**

Eine Hosenfabrik hat im letzten Quartal fertige Erzeugnisse in Höhe von 90.000,00 € netto an einen Großkunden geliefert. Nachträglich wird dem Kunden hierfür eine Umsatzvergütung von 0,5 % gewährt. Berechne den Bonus (überschlage das Ergebnis im Kopf) und bilde den Buchungssatz (Umsatzsteuer 19 %).

**Lösung 211**

**Aufgabe 212**

Wie lauten die Buchungssätze?

1. Die Schuhfabrik NOVOFORM schreibt dem Schuhfachgeschäft Herzog für eine größere Schuhlieferung eine nachträgliche Umsatzvergütung über 350,00 € netto gut (Umsatzsteuer 19 %).
2. Aufgrund einer Mängelrüge gewährt die Konservenfabrik Gabi Frisch einem Supermarkt für den Kauf von Dosengemüse eine Gutschrift von brutto 246,10 € einschließlich 7 % Umsatzsteuer.
3. Ein Hersteller von Damenmoden, der auch ein umfangreiches Handelswarensortiment anbietet, schreibt einem Kunden für die Lieferung von Handtaschen einen Bonus von netto 400,00 € gut (Umsatzsteuer 19 %).
4. Bilde die Abschlussbuchungen für die Konten 5001 EBFE und 5101 EBHW (ohne Beträge).
5. Ein Spielwarenhersteller gewährt einer Kaufhauskette am Jahresende eine Umsatzrückvergütung von netto 450,00 € (= 2 %). Berechne die Höhe des Bruttoumsatzes.
6. Bilde den Buchungssatz für die Umsatzrückvergütung beim Spielwarenhersteller. Bei den Umsätzen handelte es sich um Handelswaren.

**Lösung 212**

**Aufgabe 213**

Ergänze folgende Kalkulationsunterlagen:

| | 1. | 2. | 3. |
|---|---|---|---|
| Selbstkostenpreis | 240,00 € | € | 3.360,00 € |
| Gewinn | 12,5 % | 7,5 % | ????? % und ????? € |
| Skonto | 3 % | 2 % | 2 % |
| Mengenrabatt | 15 % | $33\frac{1}{3}$ % | 20 % |
| Listenverkaufspreis, netto | ????? € | 1.740,00 € | 4.500,00 € |

## Lösung 213

**Aufgabe 214**

Möbelfabrik Hans Glück

Rachelstraße 6–8 • 93059 Regensburg
Telefon: 0941 150250 • Fax: 0941 150260
E-Mail: service@glueck.xyz
Internet: http://www.hans-glueck.xyz

Hans Glück

FSC- und PEFC-zertifiziert

Hans Glück • Rachelstraße 6–8 • 93059 Regensburg

Fa.
Hans Grün
Nelkenweg 23
92224 Amberg

Rechnung

| | |
|---|---|
| Rechnungsnummer: | 6522 |
| Datum: | 09. Mai 20.. |
| Kundennummer: | 3344 |
| Bestellung: | 22. April 20.. |

Wir lieferten Ihnen frei Haus am 08. Mai 20..:

| Pos. | Artikel/Bezeichnung | Menge | Einzelpreis EUR | Gesamtpreis EUR |
|---|---|---|---|---|
| 1 | Büroschränke, Art.-Nr. 07755 | 8 | 1.000,00 | 8.000,00 |
| | | | Warenwert | 8.000,00 |
| | | | – 20 % Rabatt | 1.600,00 |
| | | | | 6.400,00 |
| | | | + 19 % Umsatzsteuer | 1.216,00 |
| | Wir danken für Ihren Auftrag. | | Rechnungsbetrag | 7.616,00 |

Zahlungsbedingungen: Zahlungsziel 30 Tage, bei Zahlung innerhalb von 8 Tagen 3 % Skonto.
Die gelieferte Ware bleibt bis zur vollständigen Bezahlung unser Eigentum.
Bankverbindung: A-Bank Regensburg • BLZ 750 950 00 • Kontonummer: 500306
Hans Glück, e. Kfm. • Amtsgericht Regensburg HRA 4999
USt-IdNr. DE298145299 • Steuer-Nr. 9244/211/50550

Betrachte die Durchschrift der Rechnung Nr.: 6522 vom 9. Mai 20..

Nimm zu folgenden Aussagen Stellung (richtig oder falsch):

1. Aus der Rechnung ergibt sich als Zahlungsziel der 9. Juni 20..
2. Rabatt und Skonto der vorliegenden Rechnung betragen zusammen 23 % des Gesamtbetrages.
3. Der Kunde hat immer Anspruch auf Skontogewährung.

**Lösung 214**

**Aufgabe 215**

Ein Küchenmöbelhersteller hat noch folgende Geschäftsfälle zu buchen (19 % USt.):

1. Banküberweisung eines Kunden innerhalb der Skontofrist. Es wurden Kühlschränke und Elektroherde geliefert, Rechnungsbetrag 5.950,00 €, abzüglich 2 % Skonto.
2. In einem anderen Fall überweist ein Kunde für die Auslieferung eines Küchenblocks nach Abzug von 3 % Skonto 6.925,80 € auf das Bankkonto.
3. Küchenanbauelemente im Wert von netto 3.800,00 € werden an den Kunden Müller auf Ziel verkauft.
4. Kontoausgleich des Kunden Müller durch Banküberweisung abzüglich 2,5 % Skonto (siehe Nr. 3).

**Lösung 215**

**Aufgabe 216**

1. Formuliere den Geschäftsfall zu nachstehendem Buchungssatz:

| | | | | |
|---|---|---|---|---|
| 2800 BK | 4.664,80 € | | | |
| 5001 EBFE | 80,00 € | | | |
| 4800 UST | 15,20 € | an | 2400 FO | 4.760,00 € |

2. Wie viel Prozent Skonto wurde gewährt?

## 6.7 Zusammenfassende Aufgaben

### Aufgabe 217

**Überlege und entscheide:** Welche Handelswaren passen zu folgenden Produkten?

- Schuhe,
- Staubsauger,
- Herrenhemden,
- Schreibtisch,
- Jeans.

### Lösung 217

### Aufgabe 218

Kreuze in der entsprechenden Spalte an.

1. Welche der folgenden Vorgänge in einem Fertigungsunternehmen werden buchhalterisch erfasst bzw. nicht erfasst?
2. Welche dieser Vorgänge werden auf einem Unterkonto gebucht?

### Lösung 218

| | Buchung | Buchung auf Unterkonto |
|---|---|---|
| Nachträgliche Preisnachlässe beim Verkauf von Fertigprodukten | | |
| Verkaufsrabatte bei Fertigerzeugnissen | | |
| Skonto beim Verkauf von Handelswaren | | |
| Bonus beim Verkauf von Handelswaren | | |
| Rücksendung von Fertigerzeugnissen durch Kunden | | |

### Aufgabe 219

In der Buchhaltung der Schreinerei Kurz sind zum Monatsende für die folgenden Geschäftsfälle die Buchungssätze zu bilden (19 % USt.):

1. Zielverkauf von 20 Schreibtischen, Stückpreis netto 400,00 €, an den Kunden Franz.
2. Die Versandkosten in Höhe von brutto 261,80 € wurden an eine Spedition bar bezahlt.
3. Ausgangsrechnung Nr. 7134 an die Firma Stix über gelieferte Schreibtischlampen, Nettowarenwert 3.000,00 €, abzüglich 33— % Mengenrabatt.
4. Kunde Franz (siehe Nr. 1) sandte zwei zu viel gelieferte Schreibtische zurück. Es wird ihm eine Gutschrift erteilt.
5. Das Möbelhaus Petra Ertl erhielt Computertische, netto 9.600,00 €, berechnete Verpackung, netto 300,00 €, auf Ziel.
6. Schreibtischstühle im Wert von netto 1.800,00 € wurden auf Ziel verkauft.
7. Rücksendung der Verpackung durch die Firma Petra Ertl, erteilte Gutschrift brutto 238,00 € (siehe Nr. 5).

8. Banküberweisung des Kunden Stix (siehe Nr. 3) abzüglich 3 % Skonto.
9. Der Großkunde Manfred Baier (Bücherschränke) erhält auf den erreichten Umsatz von netto 180.000,00 € einen Bonus von 2,5 %.
10. Die Firma Susi Egner (Bezieher von Schreibtischstühlen) erhält einen Nachlass wegen mangelhafter Lieferung. Gutschrift: 297,50 € brutto.

**Lösung 219**

**Lösung 219 (Fortsetzung)**

**Aufgabe 220**

Bei welchen Geschäftsfällen wird im Zusammenhang mit dem Verkauf von Fertigerzeugnissen die Umsatzsteuer berichtigt?

**Lösung 220**

**Aufgabe 221**

Ein Büromaschinenhersteller bietet im Rahmen einer Sonderverkaufsaktion als Handelsware elektronische Tischrechner an. Der Barverkaufspreis eines Rechners beträgt 90,00 €. Der Kunde erhält 2 % Skonto bei Zahlung innerhalb von 8 Tagen und 8 % Sonderrabatt (19 % USt.).

1. Ermittle den Netto-Listenverkaufspreis für einen Rechner.
2. Ein Kunde erhält 20 Rechner. Buche die Ausgangsrechnung, wenn der Rabatt sofort gewährt wird.
3. Der Kunde schickt aufgrund einer Mängelrüge drei Rechner zurück. Wie lautet der Buchungssatz für die Gutschrift?
4. Der Kunde überweist den Restbetrag abzüglich Skonto durch die Bank. Bilde den Buchungssatz.
5. Löse die Teilaufgabe 1 mithilfe eines Rechenblattes.

**Lösung 221**

**Aufgabe 222**

Ein Bürostuhlfabrikant wird von der Stadt Amberg betreffend die Staatliche Realschule Amberg zur Abgabe eines Angebots über Bürodrehstühle zur Ausstattung des Fachraumes für Textverarbeitung aufgefordert. Der Unternehmer kalkuliert mit folgenden Bedingungen: Selbstkostenpreis 169,95 € je Stuhl, Skonto 3 %, Mengenrabatt 12 %.

Aufgrund der Konkurrenzsituation ist der Listenverkaufspreis (netto) mit 220,00 € je Stuhl vorgegeben.

1. Mit welchem Gewinn (€ und Prozent) kann das Unternehmen rechnen?
2. Wie lautet der Buchungssatz über die Lieferung auf Ziel von 25 Stühlen? Der Rabatt wird unmittelbar in Abzug gebracht (Umsatzsteuer 19 %).
3. Löse die Teilaufgabe 1 mithilfe eines Rechenblattes.

**Lösung 222**

**Aufgabe 223**

Angenommen, ein Konkurrenzunternehmen bietet ein Produkt zum Nettoverkaufspreis von 840,00 € an.

1. Kann eine Firma zum gleichen Preis anbieten, wenn sie bei 680,00 € Selbstkosten mit 15 % Gewinn, 2,5 % Skonto und 10 % Rabatt rechnet?
2. Löse die Aufgabe 1 mithilfe eines Rechenblattes.

**Lösung 223**

**Lösung 223 (Fortsetzung)**

**Aufgabe 224**

Ein Kleinmaschinenhersteller hat die Selbstkosten für einen Motormäher mit 1.250,00 € kalkuliert.

1. Der Netto-Listenverkaufspreis soll unter Einbeziehung von 15 % Gewinn und 8 % Mengenrabatt ermittelt werden.
2. Lieferung von 10 Motormähern auf Ziel. Bilde den Buchungssatz, der Rabatt wird sofort gewährt (Umsatzsteuer 19 %).
3. Obwohl Skonto nicht vereinbart war, zahlt der Kunde die Rechnung nach Abzug von 3 % Skonto mit 16.593,06 € durch Banküberweisung. Wie lautet der Buchungssatz?
4. Wie verändert sich der Gewinn durch den unberechtigten Skontoabzug (€ und Prozent)?
5. Welche Schritte könnte der Kleinmaschinenhersteller gegen seinen Kunden unternehmen?
6. Löse die Teilaufgabe 1 mithilfe eines Rechenblattes.

**Lösung 224**

## Lösung 224 (Fortsetzung)

## Aufgabe 225

Das Büroeinrichtungshaus Groß erhält von der Möbelfabrik Kurz folgende Rechnung:

**MÖBELFABRIK**
**ANTON KURZ**

Tannenweg 7–9 • 94034 Passau
Telefon: 0851 25365 • Fax: 0851 25800 • E-Mail: service@kurz.xyz

MÖBELFABRIK ANTON KURZ • Tannenweg 7–9 • 94034 Passau

Firma
Hans Groß
Postfach 31
85051 Ingolstadt

**RECHNUNG**

| | |
|---|---|
| Rechnungs-Nr.: | 35751 |
| Datum: | 07. Juni 20.. |
| Lieferdatum: | 07. Juni 20.. |
| Kundennummer: | 03211 |
| Bestellung: | 03. Mai 20.. |
| Bearbeitung: | Frau Müller |

| MENGE | ARTIKEL | EINZELPREIS (EURO) | GESAMTPREIS (EURO) |
|---|---|---|---|
| 10 | Büroschränke | 360,00 | 3.600,00 |
| | | Warenwert, netto | 3.600,00 |
| | | Umsatzsteuer 19 % | 684,00 |
| | | **Rechnungsbetrag** | **4.284,00** |

**Lieferung:** Frei Haus
**Zahlung:** Zahlbar innerhalb von 30 Tagen, bei Zahlung innerhalb 8 Tagen 2 % Skonto.

Die gelieferte Ware bleibt bis zur vollständigen Bezahlung unser Eigentum.
Bankverbindung: Innbank Passau • BLZ 795 500 99 • Kontonummer 791525
Anton Kurz, e. Kfm. • Amtsgericht Passau HRA 3192
USt-IdNr. DE155203612 • Steuer-Nr. 9153/231/10700

1. Wie bucht die Firma Kurz die Ausgangsrechnung Nr. 35751?
2. Wie lautet der Buchungssatz, wenn der Kunde den Rechnungsausgleich bis zum 15. Juni 20.. durch Banküberweisung vornimmt?
3. Angenommen, der Kunde Groß überweist nach Skontoabzug nur die „runde" Summe von 4.150,00 € an die Firma Kurz. Diese verzichtet aufgrund der guten Geschäftsbeziehungen auf eine Nachforderung. Wie lautet nunmehr der Buchungssatz für den Zahlungsausgleich?

## Lösung 225

**Lösung 225 (Fortsetzung)**

**Aufgabe 226**

Die Verkaufsabteilung eines Staubsaugerherstellers bietet zwei Kunden ihre Geräte an. Sie hat folgende Kalkulationsunterlagen ermittelt:

| | Kunde A | Kunde B |
|---|---|---|
| Selbstkostenpreis je Stück | 196,00 € | 196,00 € |
| Skonto | 2 % | 2 % |
| Wiederverkäuferrabatt<br>unter 20 Stück<br>ab 20 Stück | <br>10 %<br>12 % | <br>15 %<br>20 % |
| Angebotspreis | 250,00 € | 250,00 € |

Bei welchem Kunden erzielt der Unternehmer den größeren Gewinn (€ und Prozent), wenn A 40 Staubsauger und B 18 Geräte erhält?

**Lösung 226**

**Aufgabe 227**

Die Firma HDP-Fertigparkett wirbt in der Tageszeitung mit folgendem Sonderangebot:

> **HDP-Fertigparkett**
> **Unser derzeitiges Sonderangebot:**
> **Eiche natur, 2 200 x 184 x 15, . . . . . € 23,80/m² inkl. 19 % USt.**

1. Ermittle den Selbstkostenpreis für 80 m² der Handelsware Parkettsorte Eiche natur, wenn die Firma mit 2 % Skonto und 12 % Gewinn kalkuliert.
2. Löse die Teilaufgabe 1 mithilfe eines Rechenblattes.

**Lösung 227**

**Aufgabe 228**

Bei einem Jeans-Hersteller, der auch Hemden, Gürtel und Lederjacken verkauft, sind für die folgenden Geschäftsfälle die Buchungssätze zu bilden (19 % USt.):

| | |
|---|---|
| 1. Eingangsrechnung für eine Sendung von Baumwollstoffen | |
| Listenpreis, netto | 24.000,00 € |
| 15 % Mengenrabatt | |
| Verpackung, netto | 200,00 € |
| 2. Eingangsrechnung für die Frachtkosten (siehe Nr. 1), netto | 360,00 € |
| 3. Verkauf von Hemden und Lederjacken auf Ziel, netto | 8.900,00 € |
| 4. Einkauf von Faltkartons auf Ziel, netto | 1.240,00 € |
| 5. Zieleinkauf für Reinigungsmaterial, netto | 640,00 € |
| 6. Ausgangsrechnung für Hosenlieferung an ein Warenhaus, netto | 58.800,00 € |
| Verpackung in Höhe von netto | 440,00 € |
| wird in Rechnung gestellt. | |
| 7. Ein Kunde sendet fehlerhafte Hemden (siehe Nr. 3) zurück. | |
| Gutschrift, netto | 1.520,00 € |
| 8. Zielkauf von Nähgarn und Maschinenzwirn, netto | 5.500,00 € |
| Frachtkosten, netto | 110,00 € |
| 9. Aufgrund einer Reklamation gewährt ein Rohstofflieferant | |
| (siehe Nr. 1) einen Preisnachlass. Gutschrift, netto | 1.650,00 € |
| 10. Eine Boutique überweist für eine Sendung von Lederjacken auf | |
| das Bankkonto nach Abzug von 2,5 % Skonto | 2.598,92 € |
| 11. Barzahlung einer Ausgangsfracht für eine Kundenlieferung | |
| frei Haus, brutto | 220,15 € |
| 12. Zieleinkauf von Ledergürteln, netto | 2.600,00 € |
| Verpackung, netto | 30,00 € |
| Frachtkosten, netto | 80,00 € |

| | |
|---|---|
| 13. Banküberweisung an den Handelswarenlieferer (siehe Nr. 12) abzüglich 3 % Skonto vom Rechnungsbetrag. | |
| 14. Der Betriebsstofflieferant (siehe Nr. 5) gewährt einen Preisnachlass wegen mangelhafter Lieferung. Gutschrift, netto | 64,00 € |
| 15. Einem Lieferer werden mangelhafte Reißverschlüsse zurückgegeben. Der Lieferer erstattet uns den Bruttobetrag durch Banküberweisung | 1.695,75 € |
| 16. Banküberweisung an einen Hemdenlieferanten, abzüglich 2 % Skonto Rechnungsbetrag | 5.117,00 € |
| 17. Ein Kunde erhält einen Preisnachlass für schadhafte Jeans, netto | 740,00 € |
| 18. Einem Kunden, der im abgelaufenen Geschäftsjahr Jeans im Nettowert von bezogen hat, wird eine Umsatzvergütung von 2 % gewährt. | 54.000,00 € |
| 19. Banküberweisung an einen Lieferanten von Metallknöpfe nach Abzug von 2 % Skonto | 1.749,30 € |
| 20. Rechnungsausgleich eines Hemdenfachgeschäfts durch Banküberweisung | 2.872,41 € |

**Lösung 228**

**Aufgabe 229**

Im Berufsschulunterricht muss ein Auszubildender ein sog. Vorkontierungsblatt bearbeiten. Aus den dort angegebenen Buchungssätzen sind die Geschäftsfälle zu formulieren. Dieser Vorgang ist auch unter dem Begriff „Buchungslesen“ bekannt.

| Datum | Soll | Haben | Text | (Soll) € | (Haben) € |
|---|---|---|---|---|---|
| 03. 01. | 6140<br>2600 | 2880 | ????? | 250,00<br>47,50 | 297,50 |
| 08. 01. | 5000<br>4800 | 2400 | ????? | 3.200,00<br>608,00 | 3.808,00 |
| 10. 01. | 2800<br>5101<br>4800 | 2400 | ????? | 5.831,00<br>100,00<br>19,00 | 5.950,00 |
| 15. 01. | 6040<br>2600 | 4400 | ????? | 1.500,00<br>285,00 | 1.785,00 |
| 20. 01. | 5001<br>4800 | 2400 | ????? | 2.200,00<br>418,00 | 2.618,00 |

**Lösung 229**

**Aufgabe 230**

Firma Glück erhält einen Auftrag über 24 Tische für die Ausstattung des Konferenzraumes einer Bank in Augsburg.

Beim Zielverkauf der Konferenztische wurde wie folgt gebucht:

| | | | | |
|---|---|---|---|---|
| 2400 FO | 8.568,00 € | an | 5000 UEFE | 7.200,00 € |
| | | | 4800 UST | 1.368,00 € |

Ergänze mithilfe des vorliegenden Buchungssatzes die fehlenden Werte im Rechenblatt.

| | A | B | C |
|---|---|---|---|
| 1 | | | |
| 2 | Selbstkostenpreis | | 6.000,00 € |
| 3 | + Gewinn | 16,4 % | 984,00 € |
| 4 | Barverkaufspreis | | 6.984,00 € |
| 5 | + Kundenskonto | ????? | ????? |
| 6 | Zielverkaufspreis | | ????? |
| 7 | + Kundenrabatt | 25 % | ????? |
| 8 | Listenverkaufspreis | | ????? |

**Lösung 230**

## Aufgabe 231

**ELEKTROGERÄTEFABRIK**
**K. HINTERMEIER GMBH**
Boschstraße 67 · 93051 Regensburg

ELEKTROGERÄTEFABRIK K. HINTERMEIER GMBH · Boschstraße 67 · 93051 Regensburg

Möbelfabrik
Hans Glück
Rachelstraße 6–8
93059 Regensburg

Regensburg, den 15. Juni 20..

**RECHNUNG** Nr. 3457

Lieferdatum: 15. Juni 20..

| Pos. | Art.-Nr.: | Artikelbezeichnung | Menge | Einzelpreis (Euro) | Gesamtpreis (Euro) |
|---|---|---|---|---|---|
| 1 | BM 30-90 | Bohrmaschine | 10 | 410,00 | 4.100,00 |
| 2 | SM 32-98 | Schleifmaschine | 5 | 100,00 | 500,00 |

| Rechnungsbetrag (Euro) | Versandkosten | Nettobetrag (Euro) | USt. | Umsatzsteuer (Euro) | Rechnungsbetrag, brutto (Euro) |
|---|---|---|---|---|---|
| 4.600,00 | Lieferung frei Haus | 4.600,00 | 19 % | 874,00 | 5.474,00 |

Zahlungsbedingungen: 10 Tage 2 % Skonto / 30 Tage rein netto.
Die Ware bleibt bis zur vollständigen Bezahlung unser Eigentum.
Geschäftsführer: Kurt Hintermeier · Registergericht: Amtsgericht Regensburg HRB 2104
Bankverbindung: Donaubank Regensburg · BLZ 750 981 60 · Kontonummer: 236537
USt-IdNr. DE211432477 · Steuer-Nr. 9244/132/67089

1. Bis zu welchem Tag muss die Rechnung von der Möbelfabrik Glück bezahlt sein, wenn der Skonto in Anspruch genommen wird?
2. Welcher Betrag ist nach Abzug des Skontos zu zahlen?
3. Bilde den Buchungssatz des Zahlungseingangs (Banküberweisung) aus der Sicht der Firma Hintermeier.

## Lösung 231

## Aufgabe 232

Die Schüler/-innen der 8. Klasse einer Realschule haben als Projekt ein Miniunternehmen gegründet. Sie bedrucken Baumwoll-Einkaufstaschen mit dem Logo ihrer Schule und verkaufen sie im Freundes- und Verwandtenkreis weiter. Verkauft wurden insgesamt 90 Taschen. Der Einkaufspreis pro Tasche betrug 0,50 €, der Verkaufspreis 1,00 €. An Farben und Material wurden insgesamt 27,00 € ausgegeben.

Berechne:

1. den Gesamtumsatz,
2. die gesamten Selbstkosten und die Selbstkosten je Tasche,
3. den Gesamtgewinn in € und %.
4. Pro Tasche war ein Gewinn von 0,30 € kalkuliert. Zu welchem Preis hätten die Schüler/-innen die Tasche verkaufen müssen?
5. Eine Parallelklasse hatte die gleiche pfiffige Geschäftsidee. Warum war wohl ein höherer Verkaufspreis nicht durchsetzbar?

**Lösung 232**

**Aufgabe 233**

Bilde aus dem Konteneintrag Nr. 1 den Buchungssatz und formuliere danach den Geschäftsfall.

| S | 5001 EBFE | | H |
|---|---|---|---|
| 1. 2400 | 400,00 | | |

| S | 4800 UST | | H |
|---|---|---|---|
| 1. 2400 | 76,00 | | |

| S | 2400 FO | | H |
|---|---|---|---|
| | | 1. 5001<br>4800 | 476,00 |

**Lösung 233**

**Aufgabe 234**

Bilde die Buchungssätze mit Angabe der Konto-Nummer, der Kontenabkürzung und des Betrages (USt. 19 %).

1. Eingangsrechnung Handelswaren, netto 3.000,00 €, abzüglich 25 % Rabatt.
2. Aufgrund einer Mängelrüge erhält ein HW-Kunde einen Preisnachlass von netto 250,00 €.
3. Ausgangsrechnung Fertigerzeugnisse, netto 10.000,00 €, abzüglich 20 % Rabatt, berechnete Verpackung netto 300,00 €.
4. Der Kunde sendet die Verpackung zurück (siehe Nr. 3), wir schreiben ihm dafür 80 % gut.

**Lösung 234**

**Aufgabe 235**

Wäge ab:

Wann kommt für einen FE-Kunden bei einer mit Mängeln behafteten Lieferung eine Rücksendung, wann die Forderung nach einem Preisnachlass in Frage?

**Lösung 235**

**Aufgabe 236**

1. Erkläre den Unterschied zwischen Rabatt und Skonto.
2. Warum lohnt sich die Inanspruchnahme von Skonto?

**Lösung 236**

**Aufgabe 237**

Löse folgendes Silbenrätsel:
Um, dels, last, er, te, stoff, satz, wa, Um, Bo, last, ren, Han, bat, ren, Roh, Ra, Zahl, satz, steu, ni.

1. Summe aller Verkäufe
2. Artikel, die das Produktionsprogramm ergänzen
3. einnahmestärkste Steuer in Deutschland
4. Ausgangsprodukt für die Herstellung von Fertigerzeugnissen
5. Nachlässe beim Ein- und Verkauf
6. Umsatzrückvergütungen am Jahresende
7. Differenz zwischen Umsatzsteuer und Vorsteuer

**Lösung 237**

# 7 Aufwendungen und Erträge im Geschäftsbetrieb

## 7.1 Sonstige Aufwendungen und Erträge

**Aufgabe 238**

Bilde die Buchungssätze zu den nachfolgenden Belegen:

**Beleg 1:**

**Allgemeine Post AG**

**BESCHEINIGUNG**

über den Bezug von

**Postwertzeichen**

im Gesamtbetrag von

**51,00 Euro**

Der Bezug wird durch Abdruck des Tagesstempels bescheinigt. Die Bescheinigung gilt als Einlieferungsschein.

840311686 2805 22. 03. 20..

**Beleg 2:**

**Maximilian Feger**
Bezirkskaminkehrermeister
Adalbert-Stifter-Straße 6
93051 Regensburg
Telefon/Fax: 0941 90672
E-Mail: M.Feger@x-online.xyz

Maximilian Feger • Adalbert-Stifter-Straße 6 • 93051 Regensburg

Möbelfabrik
Hans Glück
Rachelstraße 6–8
93059 Regensburg

29. Januar 20..

**Rechnung** Nr. 01017
(nach der Kehr- und Überprüfungsordnung sowie Gebührenordnung)

Leistungen durchgeführt am 11. Januar 20..

| Bezeichnung der Leistung | Anzahl | Durchführung | Einzel-AW | Gesamt-AW |
|---|---|---|---|---|
| Lüftungsleitungen prüfen | 4 | 4,00 | 1,37 | 5,48 |
| Immissionsschutzmessung | 4 | 4,00 | 2,79 | 11,16 |
| Wiederkehrende Messung nach BlmSchV | 4 | 4,00 | 40,75 | 163,00 |
| Gesamtsumme AW | | | | 179,64 |
| 1 AW = 1,16 Euro | | | | |
| Gesamtbetrag netto | | | | 208,38 Euro |
| + 19 % USt. | | | | 39,59 Euro |
| **Rechnungsbetrag** | | | | **247,97 Euro** |

Zahlbar ohne Abzüge innerhalb von 8 Tagen nach Erhalt der Rechnung.
Bankverbindung: Sparbank Regensburg • BLZ 750 500 00 • Kontonummer: 530016742
Steuer-Nr. 9244/279/33777 • USt-IdNr. DE295761843

## Beleg 3:

DR. FRANZ XAVER MEIER
STEUERBERATER

Maximilianstraße 23
93047 Regensburg

DR. FRANZ XAVER MEIER · Maximilianstraße 23 · 93047 Regensburg

Möbelfabrik
Hans Glück
Rachelstraße 6–8
93059 Regensburg

02. Februar 20..

KOSTENBERECHNUNG FÜR NACHFOLGENDE LEISTUNGEN

Leistungsdatum: 01. Februar 20..

| | | |
|---|---|---|
| 1. | Beratung Unternehmensnachfolge und Erbschaftssteuer | 125,00 Euro |
| 2. | Beratung Gewerbesteuer | 80,00 Euro |
| 3. | Verschiedene Gebühren | 45,00 Euro |
| | | 250,00 Euro |
| | 19 % Umsatzsteuer | 47,50 Euro |
| | | 297,50 Euro |

Überweisung innerhalb von 14 Tagen auf mein Konto.
Beraterbank Regensburg · BLZ 745 520 00 · Kontonummer: 876122
Steuer-Nr. 9244/281/41312 · USt-IdNr. DE594678219

## Beleg 4:

**Topdesign**
**Werbeagentur**
**Ludwig Reiter GmbH**

Kreative und visionelle Kommunikation

Schreinerholzweg 5
93057 Regensburg

Möbelfabrik
Hans Glück
Rachelstraße 6–8
93059 Regensburg

**Rechnung Nr. 02/3945**
Rechnungsdatum: 07. 02. 20..

| | | |
|---|---|---|
| **5000 Werbeprospekte „Zum Glück Möbel vom Glück“** | 1,50 € | 7.500,00 € |
| – 10 % Rabatt | | 750,00 € |
| + Porto und Verpackung | | 25,00 € |
| Warenwert netto | | 6.775,00 € |
| + 19 % Umsatzsteuer | | 1.287,25 € |
| Rechnungsbetrag brutto | | 8.062,25 € |

Zahlbar rein netto innerhalb von 14 Tagen.
Bankverbindung: Gewerbebank Regensburg · Kontonummer 976319 · BLZ 750 999 11
Amtsgericht Regensburg, HRB 2491 · Steuer-Nr. 9244/155/10300 · USt-IdNr. DE648246942
Geschäftsführer: Ludwig Schnell

**Beleg 5:**

# FFP – FACHBUCHHANDEL FACH & PRAXIS

**Max Fischer e. Kfm.**
**Fachbücher · Fachzeitschriften · Software · Teachware**

Luitpoldstraße 4 · 94032 Passau
Telefon: 0851 95673 · Fax: 0851 95674
E-Mail: FFP@regionet.xyz

FFP – Fachbuchhandel · Luitpoldstraße 4 · 94032 Passau

Möbelfabrik
Hans Glück
Rachelstraße 6–8
93059 Regensburg

03. März 20..

## Rechnung Nr. 0323/234

Lieferdatum: 03. März 20..

| | |
|---|---|
| 1 Fachbuch „Computergesteuerte Hobelmaschinen“ | 35,50 Euro |
| 1 Fachzeitschrift „Möbio-News“ | 12,50 Euro |

| Nettobetrag | Umsatzsteuer 7 % | **Rechnungsbetrag** |
|---|---|---|
| 48,00 Euro | 3,36 Euro | **51,36 Euro** |

Die gelieferte Ware bleibt bis zur vollständigen Bezahlung unser Eigentum (§ 455 BGB).
Bitte zahlen Sie innerhalb von 8 Tagen rein netto.
Bankverbindung: INVESTA-Bank Passau · BLZ 740 670 00 · Kontonummer: 523926
Amtsgericht Passau HRA 9164
Steuer-Nr. 9153/201/81015 · USt-IdNr. DE648253197

**Lösung 238**

**Lösung 238 (Fortsetzung)**

**Aufgabe 239**

Bilde die Buchungssätze zu den nachfolgenden Geschäftsfällen (voller Umsatzsteuersatz, soweit nicht anders angegeben):

| | | |
|---|---|---|
| 1. | Banküberweisung der Leasinggebühr für den Lieferwagen, brutto | 421,26 € |
| 2. | Eingangsrechnung: Behebung eines Wasserschadens im Rohstofflager (es besteht keine Versicherung gegen Leitungswasserschäden), netto | 1.900,00 € |
| 3. | Banklastschrift: Kaminkehrergebühren, brutto | 154,05 € |
| 4. | Banküberweisung des IHK-Beitrags | 375,00 € |
| 5. | Bankbelastung für Schließfachmiete (Geschäftsdokumente) | 25,00 € |
| 6. | Banklastschrift für Betriebshaftpflichtversicherung | 220,00 € |
| 7. | Banklastschrift: Anwaltskosten, brutto | 1.468,46 € |
| 8. | Banklastschrift für Werbeanzeige, brutto | 428,40 € |
| 9. | Barkauf von CD-Rohlingen für Bürocomputer, netto | 122,00 € |
| 10. | Barzahlung: Eintrittskarte für Fachmesse, netto | 37,50 € |
| 11. | Bankeinzug CD-ROM Steuernetz, brutto (7 % Umsatzsteuer) | 66,88 € |
| 12. | Barkauf von Briefmarken | 55,00 € |
| 13. | Bankgutschrift für Garagenmiete, brutto | 148,75 € |
| 14. | Banklastschrift für Miete Ausstellungsraum, brutto | 249,90 € |
| 15. | Banklastschrift für Telefongebühren „Handy Montagewagen", brutto | 124,95 € |

**Lösung 239**

**Lösung 239 (Fortsetzung)**

**Aufgabe 240**

Auf welchem Konto werden die folgenden Gebühren bzw. Beiträge gebucht?

1. Paketgebühren (Lieferung von Ersatzbeschlägen an einen Kunden)
2. Beitrag zur betrieblichen Einbruchdiebstahlversicherung
3. Leasinggebühren
4. Kontoführungsgebühren
5. Beitrag zur Versicherung gegen Einbruch und Diebstahl
6. Abwasserkanalbenutzungsgebühren
7. Notargebühren
8. Abonnementgebühren Fachzeitschrift „Holz und Technik"
9. Internetprovidergebühren
10. Gebühren Abfallbeseitigung

**Lösung 240**

**Aufgabe 241**

Bearbeite folgende Arbeitsaufträge:

1. Überprüfe die Zuordnung der nachfolgenden Konten zu den angegebenen Vorgängen (richtig oder falsch).
2. Begründe jeweils deine Entscheidung.
3. Welche Vorgänge unterliegen nicht der Umsatzsteuer?

**Lösung 241**

| | Vorgang | Konto | r (x) | f (x) | Begründung | Keine USt. (x) |
|---|---|---|---|---|---|---|
| 1. | IHK-Beitrag | 6770 RBK | | | ????? | |
| 2. | Abfallentsorgungsgebühren | 6140 AFR | | | ????? | |
| 3. | Beitrag für Arbeitgeberverband | 6920 BWB | | | ????? | |
| 4. | Unfallschaden* Firmen Lkw | 0840 FP | | | ????? | |
| 5. | Bahnkarte Messebesuch | 6850 REK | | | ????? | |

* nicht durch Versicherung abgedeckt

**Begründung**

**Lösung 241 – Begründung (Fortsetzung)**

**Aufgabe 242**

Welche der nachfolgenden Aufwendungen und Erträge sind umsatzsteuerpflichtig? Gib bei Vorliegen der Steuerpflicht an, ob VORST oder UST zu buchen ist und welcher Steuersatz anzuwenden ist.

**Lösung 242**

| | Vorgang | USt.-Pflicht | VORST | USt. | % |
|---|---|---|---|---|---|
| 1. | Buchungspostengebühr | | | | |
| 2. | Kosten für Unternehmensberater | | | | |
| 3. | Kosten für betriebliche Glasversicherung | | | | |
| 4. | Erlöse aus der Vermietung einer Lagerhalle | | | | |
| 5. | Kosten für Kopierpapier | | | | |
| 6. | Kosten für Fachbuch | | | | |
| 7. | Mitgliedsbeitrag für den Fachverband holzverarbeitender Betriebe | | | | |
| 8. | Kosten für Bahnfahrt zur Fachmesse | | | | |

**Aufgabe 243**

Welche Geschäftsfälle liegen den Buchungen auf dem Konto 2800 Bank (BK) zugrunde?

| S | 2800 Bank (BK) | | H |
|---|---|---|---|
| 8000 EBK | 23.800,00 | 2. 6770 RBK, 2600 VORST | 499,80 |
| 1. 5400 EMP, 4800 UST | 357,00 | 3. 6750 KGV | 15,00 |
| | | 4. 6870 WER, 2600 VORST | 416,50 |

**Lösung 243**

**Aufgabe 244**

Überprüfe die nachfolgenden Aussagen (richtig oder falsch), begründe deine Entscheidung!

**Lösung 244**

| | Aussage | richtig | falsch | Begründung |
|---|---|---|---|---|
| 1. | Sonstige betriebliche Aufwendungen umfassen die Kontengruppen 67, 68, 69 und 54. | | | ????? |
| 2. | Abschlussbuchung für das Konto 5400 EMP: 5400 EMP an 8010 SBK | | | ????? |
| 3. | Abschlussbuchung für das Konto 6930 VSF: 6930 VSF an 8020 GUV | | | ????? |
| 4. | Für Fachliteratur (auch CD-ROM mit Fachliteratur) wird ein Umsatzsteuer-Satz von 7 % berechnet. | | | ????? |

**Begründung**

### Aufgabe 245

Die wichtigsten Steuern zeigt die nachfolgende „Steuerspirale“.

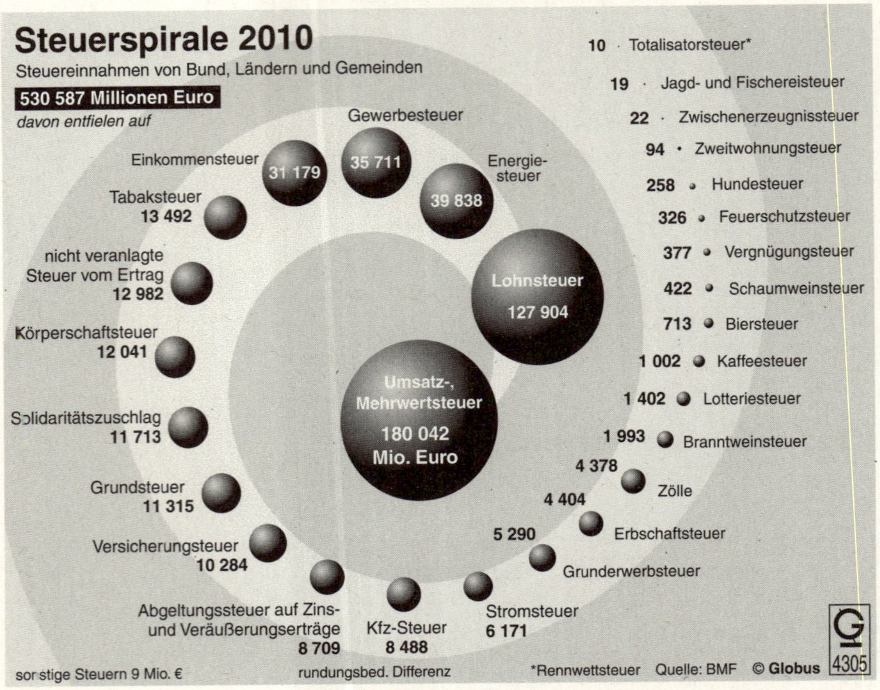


Beantworte folgende Fragen (Nutze das Zahlenbild „Steuerspirale“):

1. Welche betrieblichen Steuern sind im Kontenplan ausgewiesen?
2. Welche Vorstellungen verbindest du mit dem Begriff Steuergerechtigkeit?
3. Welche drei Steuern sind die Haupteinnahmequellen des Staates?
4. Wie viel Prozent der Gesamteinnahmen erbringen diese drei Steuerarten jeweils?
5. Welche Steuern hast du als Realschülerin/Realschüler entrichtet?

### Lösung 245

**Lösung 245 (Fortsetzung)**

**Aufgabe 246**

Erkundige dich bei deiner Wohnsitzgemeinde und beantworte folgende Fragen:

1. Welche Steuern werden von deiner Gemeinde erhoben?
2. Wie wird dabei jeweils die Höhe der Steuer ermittelt?
3. Wie groß war das Steueraufkommen der Gemeindesteuern im letzten Jahr?

**Lösung 246**

**Aufgabe 247**

Erkläre den Unterschied zwischen Grundsteuer und Grunderwerbsteuer im Hinblick auf

1. die Steuergrundlage,
2. die Berechnung der Steuer,
3. die Buchung.

**Lösung 247**

**Aufgabe 248**

Welche Konten werden für die nachfolgenden Steuerzahlungen benötigt (Banküberweisung)?

1. Kfz-Steuer Firmenlieferwagen
2. Gewerbesteuervorauszahlung
3. Umsatzsteuerzahllast
4. Grundsteuer für Holzlagerplatz
5. Grunderwerbsteuer für Bürogebäude

**Lösung 248**

**Aufgabe 249**

Über welches Konto erfolgt der Abschluss folgender Steuerkonten?

① 7020 GRST ② 4800 UST ③ 7000 GWST ④ 2600 VORST ⑤ 7030 KFZST

**Lösung 249**

**Aufgabe 250**

Bilde die Buchungssätze für folgende Geschäftsfälle:

| | |
|---|---|
| 1. Grundsteuer für Grundstück mit Mitarbeiterparkplatz, Banklastschrift | 356,50 € |
| 2. Eingangsrechnung: Fremdbauteile, netto | 12.000,00 € |
| abzüglich Rabatt 25 % | ????? € |
| zuzüglich Fracht, netto | 175,00 € |
| 3. Banklastschrift | |
| Grunderwerbsteuer (3,5 %), bebautes Grundstück mit Bürogebäude | |
| Grundstückswert | 35.000,00 € |
| Bürogebäude | 175.000,00 € |
| 4. Zieleinkauf von Verpackungsmaterial, netto | 725,00 € |
| 5. Gewerbesteuervorauszahlung, Banklastschrift | 657,50 € |
| 6. Banküberweisung der Zahllast (Umsatzsteuer) | 3.888,00 € |
| 7. Banklastschrift, Leasinggebühren für Lieferwagen, brutto | 409,32 € |
| 8. Banklastschrift: IHK-Beitrag | 230,00 € |
| 9. Kraftfahrzeugsteuer lt. Bescheid für Montage- und Lieferwagen, Banklastschrift | 783,00 € |
| 10. Ausgangsrechnung: Fertigerzeugnisse, netto | 21.500,00 € |
| abzüglich Rabatt 20 % | |
| zuzüglich Verpackung, netto | 250,00 € |
| 11. Fachzeitschrift Holzbau, brutto incl. 7 % USt., Banklastschrift | 14,98 € |
| 12. Begleichung der Rechnung des Rohstofflieferers per Banküberweisung, abzüglich 3 % Skonto, | |
| Überweisungsbetrag | 5.263,60 € |
| 13. Postwertzeichen, bar | 55,00 € |
| 14. Kunde sendet beschädigte Handelswaren zurück. Gutschrift, netto | 480,00 € |

**Lösung 250**

**Lösung 250 (Fortsetzung)**

**Aufgabe 251**

Überprüfe die nachfolgenden Aussagen (richtig oder falsch). Begründe deine Entscheidung!

**Lösung 251**

| | Aussage | richtig | falsch | Begründung |
|---|---|---|---|---|
| 1. | Die Grunderwerbsteuer ist ein betrieblicher Aufwand und wird in der Kontengruppe 70 erfasst. | | | ????? |
| 2. | Das Konto 7000 Gewerbesteuer (GWST) wird über das Konto 8020 GuV-Konto (GUV) abgeschlossen. | | | ????? |
| 3. | Die Vorsteuer gehört zu den betrieblichen Steuern. | | | ????? |
| 4. | Die Kraftfahrzeugsteuer beträgt 3,5 % der Anschaffungskosten des Kfz. | | | ????? |
| 5. | Die Grundsteuer ist umsatzsteuerpflichtig. | | | ????? |

**Begründung**

**Aufgabe 252**

Welchen Geschäftsfällen bzw. Eröffnungsbuchungen liegen die Buchungen auf dem Konto 2880 Kasse (KA) zugrunde?

| S | 2880 Kasse | | H |
|---|---|---|---|
| 8000 EBK | 1.560,00 | 1. 7020 GRST | 487,20 |
| 3. 5400 EMP, 4800 UST | 178,50 | 2. 6850 REK, 2600 VORST | 17,85 |
| 4. 2800 BK | 1.000,00 | | |

**Lösung 252**

**Aufgabe 253**

Beim Kauf eines Grundstücks wird im Bescheid über die Grunderwerbsteuer die Steuer aus der Bemessungsgrundlage auf 3,5 % mit 2.625,00 € festgesetzt.

1. Berechne den Kaufpreis des Grundstücks (Bemessungsgrundlage).
2. Bilde den Buchungssatz für den Kauf des Grundstücks einschließlich sämtlicher Anschaffungsnebenkosten, wenn noch zusätzlich 93,00 € Grundbuchkosten angefallen sind und per Banküberweisung gezahlt wird.

**Lösung 253**

**Aufgabe 254**

Besorge dir die Internetadressen für nachfolgende in deinem Einzugsbereich zuständigen Einrichtungen und informiere dich über die aktuellen Kosten bei Grundstückskäufen: Amtsgericht (Grundbuchamt), Finanzamt, Gemeinde, Notar.

**Lösung 254**

**Aufgabe 255**

Informiere dich im Internet über die neuesten Entwicklungen zum Thema Steuern. Nutze dabei vor allem die Homepage des Bayerischen Staatsministeriums der Finanzen und die Homepage des Bundesfinanzministeriums.

**Lösung 255**

**Aufgabe 256**

Welche betriebliche Steuer ist angesprochen und welches Konto wird für die Buchung benötigt?

1. Der Grundbesitz wird besteuert.
2. Der Steuersatz beträgt derzeit 3,5 %.
3. Steuerbemessungsgrundlage: Hubraum, zulässiges Gesamtgewicht, Schadstoffschlüssel.
4. Besteuerungsgrundlage ist der Gewerbeertrag.
5. Der Grundstückserwerb wird besteuert.
6. Welche Konten („Steuerkonten" der Aufgaben 1 bis 5) werden nicht über das Konto 8020 GUV abgeschlossen?

**Lösung 256**

# 8 Privatkonto

## 8.1 Auswirkungen der Rechtsform auf das Rechnungswesen eines Unternehmens

### Aufgabe 257

Welche Überlegungen veranlassten Herrn Glück, die Rechtsform Einzelunternehmen zu wählen?

### Lösung 257

### Aufgabe 258

Informiere dich über die Pflichten zur Offenlegung und Prüfung im Rechnungswesen der Aktiengesellschaften. Nutze dazu das Handelsgesetzbuch (HGB) und Geschäftsberichte von Aktiengesellschaften im Einzugsgebiet deiner Schule und die Möglichkeiten im Internet.

### Lösung 258

**Aufgabe 259**

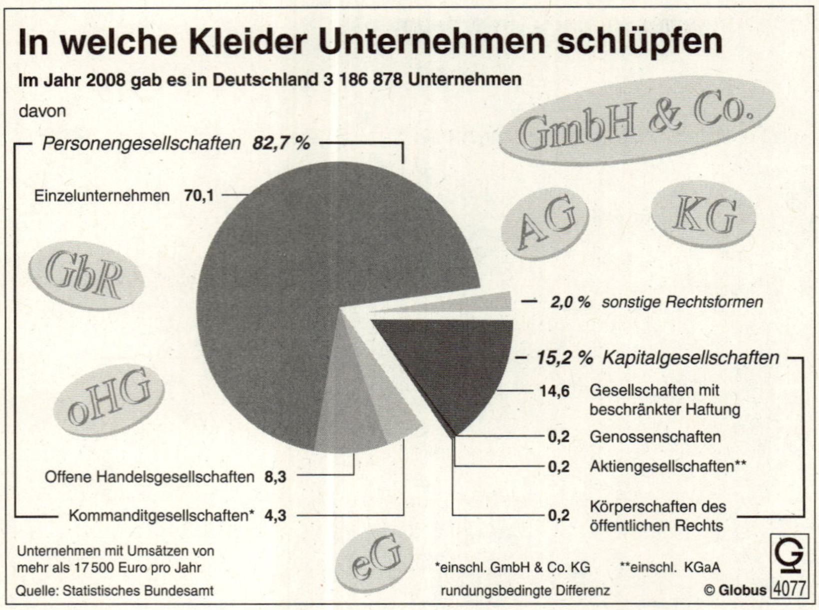


1. Welchen Sachverhalt stellt die Infografik dar?
2. Woher stammen die Daten für die Infografik?
3. Wie hoch ist der prozentuale Anteil der Einzelunternehmen?
4. Berechne die Anzahl der Einzelunternehmen und der Aktiengesellschaften in Deutschland im Jahr 2008.

**Lösung 259**

## 8.2 Private Entnahmen und private Einlagen

### Aufgabe 260

1. Warum wird für Herrn Glück ein Privatkonto geführt?
2. Warum gibt es im Kontenplan einer Aktiengesellschaft kein Privatkonto?
3. Vergleiche Kapitalerhöhung in einer AG und private Einlage im Einzelunternehmen.

### Lösung 260

### Aufgabe 261

Bilde Buchungssätze.

| | |
|---|---|
| 1. Banküberweisung (betriebliches Bankkonto): Miete für Privatschließfach | 35,50 € |
| 2. Wegen vorübergehender Zahlungsschwierigkeiten leistet Herr Glück eine Privateinlage auf das betriebliche Bankkonto | 3.000,00 € |
| 3. Die Leasinggebühr für das Privatauto von Frau Glück wird über das betriebliche Bankkonto überwiesen, einschl. 19 % USt. | 204,15 € |
| 4. Eine betriebliche Liefererschuld wird durch private Banküberweisung beglichen | 4.760,00 € |
| 5. Private Entnahme aus der Geschäftskasse | 500,00 € |

### Lösung 261

**Aufgabe 262**

Formuliere die Geschäftsfälle zu den Buchungen auf dem Konto 3001 P.

| Soll | | **3001 Privatkonto** | Haben |
|---|---|---|---|
| 1. 2880 KA | 200,00 | 2. 0500 UGR | 9.000,00 |
| 3. 2800 BK | 392,70 | 4. 2800 BK | 5.000,00 |
| 5. 3000 EK | 13.407,30 | | |
| | 14.000,00 | | 14.000,00 |

**Lösung 262**

**Aufgabe 263**

Erkläre die folgenden Begriffe:

1. Private Geldentnahme
2. Private Sacheinlage
3. Privatkonto
4. Betriebsvermögen
5. Privatvermögen

**Lösung 263**

## 8.3 Einkommen des Unternehmers

### Aufgabe 264

1. Warum sollen die privaten Entnahmen den Gewinn nicht überschreiten?
2. Warum sollte nicht der gesamte Gewinn entnommen werden?

### Lösung 264

### Aufgabe 265

1. Nenne die Einkommensquelle für die Einkommensart „Gewinn" von Herrn Glück und für die Einkommensart „Lohn" des Montageschreiners Alois Lohner.
2. Begründe die Berechtigung eines Gewinns für Herrn Glück.
3. Begründe die Besteuerung des Gewinns mit Einkommen- und Kirchensteuer (und Solidaritätszuschlag).

### Lösung 265

### Aufgabe 266

Suche drei verschiedene Geschäftsfälle zum nachfolgenden Buchungssatz:

3001 P an 2800 BK 750,00 €

### Lösung 266

**Aufgabe 267**

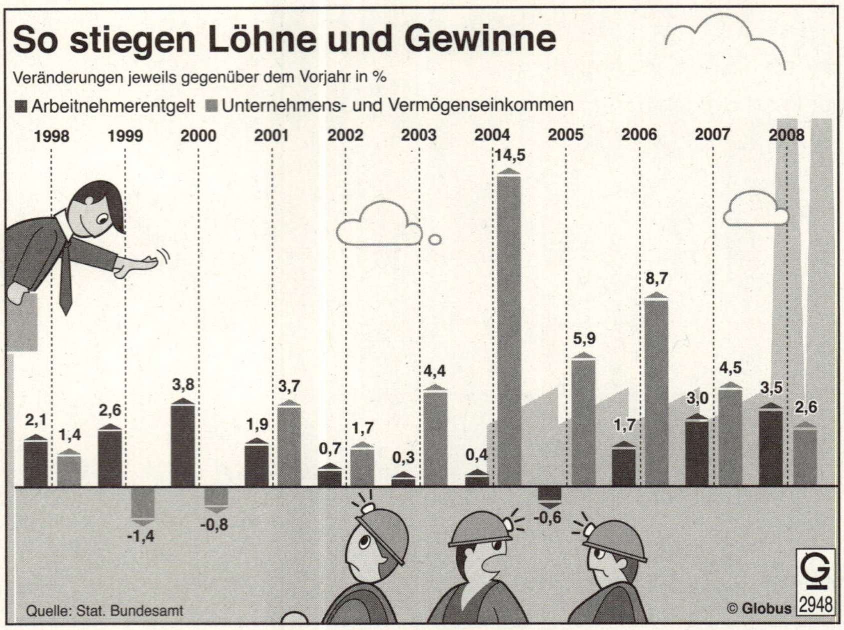


Aufgabe zum Schaubild:

1. Welchen Sachverhalt stellt die Infografik dar?
2. Beschreibe die Entwicklung der Löhne und Gewinne.

**Lösung 267**

**Aufgabe 268**

**Zusammenfassende Aufgabe**

Ordne die nachfolgenden Begriffe den Geschäftsfällen zu!

Sonstiger betrieblicher Aufwand, sonstiger betrieblicher Ertrag, betriebliche Steuer, private Entnahme, private Einlage oder keine Auswirkungen auf das Eigenkapital? (Überweisungen und Gutschriften erfolgen über das betriebliche Bankkonto!)

1. Wohngebäudeversicherung Wohnhaus
2. Grundsteuer für Grundstück mit Mitarbeiterparkplatz

3. Lebensversicherungsprämie für Lebensversicherung Sonja Glück
4. Zahnarztrechnung für Sohn Christian
5. Einkommen- und Kirchensteuer Hans Glück
6. Abhebung für Haushaltsgeld
7. Erbschaft wird in die Firmenkasse eingezahlt
8. Gewerbesteuer
9. Abhebung vom privaten Sparbuch für Urlaubsreise
10. Gutschrift der Miete für Lagerhalle
11. Einzahlung auf Kreditkartenkonto für Geschäftsreisen
12. Grunderwerbsteuer für Grundstück Carport Pkw Sonja Glück
13. Fachzeitschrift „Möbio-Net"
14. Kraftfahrzeugsteuer Privat-Pkw Sonja Glück
15. Leasing Firmen-Lkw

Prüfe, welche der vorliegenden Geschäftsfälle der Umsatzsteuerpflicht unterliegen!

**Lösung 268**

# 9 Buchungskreislauf und Abschluss

**Aufgabe 269**

Erstelle jeweils eine Mind-Map zu folgenden Themenbereichen des Faches Betriebswirtschaftslehre/Rechnungswesen:

1. Aufwendungen und Erträge,
2. Eröffnung und Abschluss der Konten.

**Lösung 269**

## Station 1: Grundsätze ordnungsmäßiger Buchführung

Buchführung hat sehr viel mit Wahrheit, Klarheit und Übersichtlichkeit zu tun. Das erfordert ein hohes Maß an Gewissenhaftigkeit. Wer eine ordnungsmäßige Buchführung besitzt, kann sich über seine Geschäftslage jederzeit informieren. Auch dem Finanzamt oder dem Steuerberater sollte es ohne große Mühe möglich sein, sich einen Überblick über die Geschäftsfälle, über den Vermögens- und Schuldenstand und die Ertragslage des Unternehmens zu verschaffen.

**Arbeitsauftrag**

Bei der Wiederholung wichtiger „Grundsätze ordnungsmäßiger Buchführung" (GoB) ist einiges durcheinander geraten. Welche Aussagen sind falsch? Hilfe findest du in den §§ 238–257 HGB.

Kontrolltipp: Addierst du die Zahlen der **falschen Aussagen**, so ergibt sich die **Summe 40.**

| | | |
|---|---|---|
| 1. | Keine Buchung ohne Beleg. | 1 |
| 2. | Inventare und Bilanzen sind 10 Jahre aufzubewahren. | 2 |
| 3. | Kasseneinnahmen und -ausgaben werden täglich aufgezeichnet. | 3 |
| 4. | Geschäftsfälle, für die kein Beleg vorliegt, werden nicht gebucht. | 4 |
| 5. | Geschäftsbriefe und Belege werden 6 Jahre aufbewahrt. | 5 |
| 6. | Die Buchführung muss in einer lebenden Sprache geschrieben werden. | 6 |
| 7. | Als Abkürzung für das Konto Kasse kann auch ein M (money) verwendet werden. | 7 |
| 8. | Eine Buchung darf nicht durch Radieren oder Überschreiben unkenntlich gemacht werden. | 8 |
| 9. | Belege können auch auf Datenträgern (z. B. CD-ROM) gespeichert werden. | 9 |
| 10. | Schwierige Buchungen können ausgelassen werden. | 10 |
| 11. | Eine Korrektur mit „Tintenkiller" ist nicht zulässig. | 11 |
| 12. | Die Eintragungen in den Büchern müssen vollständig, richtig, zeitgerecht und geordnet vorgenommen werden. | 12 |
| 13. | Die Bilanz ist in Kontenform aufzustellen. | 13 |
| 14. | Die linke Seite der Bilanz heißt AKTIVA, die rechte Seite heißt HABEN. | 14 |

Zusatzaufgabe für Rechtskundige:
Finde zu jeder Aussage den entsprechenden § des HGB.

**Lösung Station 1**

Station 2: System der doppelten Buchführung

- Jeder Buchung auf der SOLLSEITE muss auch eine Buchung auf der HABENSEITE gegenüberstehen.
- Keine Buchung ohne Gegenbuchung.
- Sollbuchung und Habenbuchung sind wertmäßig gleich.

Finde zu folgenden unvollständigen Buchungen entsprechend dem Grundsatz der doppelten Buchführung (Doppik) die richtigen Gegenkonten und die fehlenden Beträge.

| | Geschäftsfälle | Konto | SOLL € | Konto | HABEN € |
|---|---|---|---|---|---|
| 1. | Eröffnung des Kontos Eigenkapital, Anfangsbestand 120.000,00 €. | ????? | ????? | 3000 EK | 120.000,00 |
| 2. | Rücksendung von Rohstoffen im Wert von netto 500,00 €. | 4400 VE | 595,00 | ?????<br>????? | ?????<br>????? |
| 3. | Abschluss des Kontos 2400 FO, Schlussbestand 5.680,00 €. | ????? | ????? | 2400 FO | 5.680,00 |
| 4. | Banküberweisung der Zahllast in Höhe von 2.456,00 €. | ????? | ????? | 2800 BK | 2.456,00 |
| 5. | Zielkauf von Handelswaren netto 2.500,00 €, Fracht 297,50 €, brutto. | ?????<br>?????<br>????? | ?????<br>?????<br>????? | 4400 VE | ????? |
| 6. | Abschluss des Kontos 6021 BZKH, Saldo 1.200,00 €. | ????? | ????? | 6021 BZKH | 1.200,00 |
| 7. | Zielverkauf von Fertigerzeugnissen im Wert von 5.400,00 € netto, in Rechnung gestellte Fracht 120,00 € netto. | 2400 FO | ????? | ?????<br>????? | ?????<br>????? |
| 8. | Bankabbuchung der Stromrechnung netto 688,00 €. | ?????<br>????? | ?????<br>????? | 2800 BK | ????? |
| 9. | Abschluss des Kontos 5001 EBFE 500,00 €. | ????? | ????? | 5001 EBFE | 500,00 |
| 10. | Auf dem Konto 8020 GUV ergibt sich ein Gewinn von 150.500,00 €. | 8020 GUV | 150.500,00 | ????? | ????? |
| 11. | Abschlussbuchung: Das Konto Privat weist insgesamt Entnahmen in Höhe von 1.200,00 € auf. | ????? | ????? | 3001 P | 1.200,00 |
| 12. | Kunde sendet fehlerhafte Handelswaren im Wert von 350,00 € netto zurück. | ?????<br>????? | ????? | 2400 FO | ????? |
| 13. | Abschluss des Kontos 6020 AWH, Saldo 45.000,00 €. | ????? | ????? | 6020 AWH | 45.000,00 |
| 14. | Der Handelswarenkunde sendet Verpackung im Wert von 220,00 € netto zurück. Wir schreiben 40 % gut. | ?????<br>????? | ?????<br>????? | 2400 FO | ????? |
| 15. | Abschluss des Kontos 5000 UEFE, Saldo 235.000,00 €. | 5000 UEFE | ????? | ????? | ????? |

| | | |
|---|---|---|
| Bewertung: 25 – 21 richtige Konten | Anforderungen **erfüllt** | ☺ |
| 20 – 15 richtige Konten | Anforderungen gerade **noch erfüllt** | 😐 |
| weniger als 15 richtige Konten | Anforderungen leider **nicht erfüllt** | ☹ |

**Lösung Station 2**

**Lösung Station 2 (Fortsetzung)**

Teste deine Banknachbarin, deinen Banknachbarn mit 11 Fragen.

3.1 Was bedeutet die Abkürzung IKR?

3.2 Welche Vorteile hat der IKR?

3.3 Worin besteht der Unterschied zwischen Kontenrahmen und Kontenplan?

3.4 Erkläre folgende Begriffe: Kontenklasse, Kontengruppe.

3.5 Welche Kontenklasse erfasst die Ertragskonten?

3.6 Welche Kontenklassen werden in der Schlussbilanz zusammengefasst?

3.7 In welchen Kontenklassen findest du die Konten der Passivseite der Bilanz?

3.8 Auf welcher Kontenseite wird bei den Aktivkonten der Schlussbestand ausgewiesen?

3.9. Welche Abkürzung verwendet der IKR für folgende Konten: Ausgangsfrachten, Kraftfahrzeugsteuer, Unbebaute Grundstücke?

3.10 In welcher Kontenklasse befindet sich das Umlaufvermögen?

3.11 Zähle vier Unterkonten auf.

**Rückrunde**

Deine Banknachbarin, dein Banknachbar stellt 11 Fragen an dich.

3.12 Nach welchem Prinzip ist der IKR aufgebaut?

3.13 In welchen Kontenklassen werden die Aufwandskonten erfasst?

3.14 Was versteht man beim IKR unter Zweikreissystem?

3.15 Ordne folgende Konten der entsprechenden Kontengruppe zu: 2010 Fremdbauteile, 7020 Grundsteuer, 6820 Post- und Kommunikationsgebühren.

3.16 Welche Kontenklassen werden im Konto GUV zusammengefasst?

3.17 Auf welcher Kontenseite erfassen die Passivkonten den Anfangsbestand?

3.18 Nenne die drei Konten der Kontenklasse 8.

3.19 Welche Kontenklassen beinhalten die Konten für das Anlagevermögen?

3.20 Worin besteht der Unterschied zwischen dem Konto 4200 KBKV und 4250 LBKV?

3.21 Warum werden Unterkonten gebildet?

3.22 Welche Konten werden auf Konto 3000 Eigenkapital abgeschlossen?

Formuliert in Partnerarbeit fünf weitere Fragen, und testet diese gegenseitig in einer Vierergruppe.

**Lösung Station 3**

Tipps für die Bearbeitung eines Belegs:

- Lies den Beleg genau durch!
- Prüfe, ob es sich um einen Eingangsbeleg oder Ausgangsbeleg handelt.
- Achte bei Rechnungen vor allem auf Rabatte, Nettobetrag, Umsatzsteuer, Bruttobetrag, Bezugskosten, Zahlungsziel (Skonto).

HOSENFABRIK
MANUELA **SCHÖNE** e. Kfr.
Schneidergasse 4 • 96423 Garnreuth

Hosenfabrik Manuela Schöne • Schneidergasse 4 • 96423 Garnreuth

Boutique „Edelshop“
Globetrotterstraße 11a
96450 Coburg

| RECHNUNG | |
|---|---|
| Rechnungsnummer: | 234/56 |
| Rechnungsdatum: | 11. Mai 20.. |
| Kundennummer: | 007 |

**RECHNUNG**

Aufgrund Ihrer Bestellung vom 30. April 20.. lieferten wir Ihnen am 10. Mai 20..:

400 Hosen, Marke „Tiefflieger“, Bestellnummer 08/15

| | |
|---|---|
| Listenpreis gesamt | 22.050,00 Euro |
| abzüglich Rabatt 12,5 % | 2.756,25 Euro |
| | 19.293,75 Euro |
| Transportkosten | 160,00 Euro |
| zuzüglich 19 % Umsatzsteuer | 3.696,21 Euro |
| Gesamtbetrag brutto | 23.149,96 Euro |

Wir danken für Ihren Auftrag.

Zahlungsbedingungen: 10 Tage 3 % Skonto, 30 Tage rein netto.
Die Ware bleibt bis zur vollständigen Bezahlung unser Eigentum.
Amtsgericht Bayreuth HRA 1560 • Steuer-Nr. 9212/213/70160 • USt-IdNr. DE148066973

| Sparbank Coburg | C-Bank Coburg | V-Bank Garnreuth |
|---|---|---|
| BLZ 783 530 00 | BLZ 783 330 70 | BLZ 783 900 40 |
| Kontonummer: 17295 | Kontonummer: 250008781 | Kontonummer: 210103 |

4.1 Wer ist der Lieferer?

4.2 Handelt es sich für die Hosenfabrik Manuela Schöne um eine Eingangs- oder Ausgangsrechnung?

4.3 Welche Vereinbarung wurde bei diesem Geschäft hinsichtlich der Lieferkosten getroffen?

4.4 Wann ist diese Rechnung fällig?

4.5 Bilde den Buchungssatz für den Zielverkauf.

4.6 Wann muss spätestens bei Ausnutzung der Skontofrist gezahlt werden?

4.7 Was sollte außer der Kundennummer bei der Banküberweisung angegeben werden?

4.8 Was spricht aus der Sicht des Kunden dafür, das eingeräumte Zahlungsziel zu nutzen?

4.9 Berechne für die Boutique Edelshop den Bezugspreis für eine Hose.

**Lösung Station 4**

**Lösung Station 4 (Fortsetzung)**

## Station 5: Aktiv- und Passivkonten

**Partnerarbeit**

Lies folgenden lückenhaften Text und füge dabei die auf Seite 209 angegebenen *Worte* ein. Deine Partnerin, dein Partner kontrolliert die Richtigkeit.

**Die Auflösung der Bilanz in Konten**

Um die Veränderungen der einzelnen Bilanzposten ____________________ und zeitsparend aufschreiben zu können, wird die Bilanz in ____________________ aufgelöst. Für jeden Bilanzposten wird ein eigenes Konto eingerichtet. Die ____________________ Kontenseite wird mit „Soll" (S), die ____________________ Kontenseite mit „Haben" (H) bezeichnet. Die Bezeichnungen Soll und Haben stammen aus der Frühzeit der Buchführung und haben ihre Bedeutung verloren. Gemeint war: der ____________________ „soll" zahlen; wir „haben" an den ____________________ zu zahlen.

Die Bilanz zur Eröffnung des Geschäftsjahres heißt ____________________. Sie trägt das Datum, mit dem das ____________________ beginnt.

Die ____________________ Bestandskonten werden aus den Aktivkonten der Bilanz gebildet. Ihr Wert wird als Anfangsbestand ins Soll übernommen, weil er in der Bilanz links steht. Eine ____________________ des Bestands vermehrt den Anfangsbestand. Man bucht deshalb den Betrag ebenfalls auf der ____________________. Eine Abnahme des Bestands wird auf der Gegenseite (Habenseite) erfasst.

Die ____________________ Bestandskonten werden aus den Passivposten der Bilanz gebildet. Ihr Wert wird als Anfangsbestand ins Haben übernommen, weil er in der Bilanz rechts steht.

Eine Zunahme des Bestands vermehrt den ____________________. Man bucht deshalb den Betrag ebenfalls auf der Habenseite. Eine Abnahme des Bestands wird bei ____________________ auf der Sollseite gebucht.

Die Aktivkonten und Passivkonten bezeichnet man als ______________________________, weil sie die Bestände aus der Bilanz übernehmen.

*Passivkonten, linke, Geschäftsjahr, Lieferer, übersichtlich, Kunde, passiven, Zunahme, Anfangsbestand, Sollseite, Bestandskonten, rechte, Eröffnungsbilanz, aktiven, Konten*

## Station 6: Aufwendungen, Erträge, Steuern

6.1 Löst mithilfe des Kontenrahmens folgendes Silbenrätsel.
Gesucht sind jeweils die Erklärungen zu den fettgedruckten Worten:

6.1.1 Auf welchem **Aufwandskonto** bucht man Druckerpatronen?

6.1.2 Diese **Steuer** zahlt das Unternehmen für seine Fahrzeuge.

6.1.3 Dieses **Werbemittel** erscheint in den Zeitungen und Zeitschriften.

6.1.4 Nicht Miete zahlt man für Grundstücke, sondern **sie**.

6.1.5 Diese **Form der Kommunikation** ist am schnellsten und billigsten.

6.1.6 Private Haushalte und Unternehmen können durch umweltfreundliches Verhalten diese **Gebühr** reduzieren.

6.1.7 Diese **Person** hilft dem Unternehmer bei der Erstellung der Bilanz und der Berechnung der Abgaben an den Staat.

6.1.8 Zum Schutz gegen Einbruch, Feuer usw. schließt der Unternehmer diese **Verträge** ab.

6.1.9 Für Spareinlagen bei der Bank werden auf diesem **Konto** entsprechende Beträge gutgeschrieben.

6.1.10 Bei Geschäftsreisen des Unternehmers können die Kosten durch diese **Berechtigungskarte** gesenkt werden.

*Silben: büro-an-E-steu-zins-bahn-kraft-pacht-müll-ver-card-ma-fahr-zei-Mail-ab-er-si-er-terial-fuhr-be-cher-zeug-gen-ra-ungen-trä-steu-ter-ge-er*

6.2 Suche für folgende Aufwendungen, Erträge und Steuern das richtige Konto:

- Fachzeitschrift
- Rechnung vom Kaminkehrer
- Werbung im lokalen Fernsehsender
- Kosten für Unternehmensberatung
- In der Kasse fehlen 200,00 €
- Zinsgutschrift auf dem Bankkonto
- Versicherung für den Lkw
- Flugticket für Geschäftsreise
- Pachtzahlung für Kundenparkplatz
- Rechnung für Kopierpapier
- Grundsteuer für Firmengrundstück
- Mieteinnahmen für Verkaufsräume in der Innenstadt
- Beitrag an die Industrie- und Handelskammer
- Grunderwerbsteuer für Lagerplatz

Lösung Station 6

Formuliere zu folgenden Buchungssätzen die entsprechenden Geschäftsfälle:

| | KONTO | SOLL € | KONTO | HABEN € |
|---|---|---|---|---|
| 7.1 | 6000 AWR<br>6001 BZKR<br>2600 VORST | 5.000,00<br>150,00<br>978,50 | 4400 VE | 6.128,50 |
| 7.2 | 5000 UEFE<br>4800 UST | 220,00<br>41,80 | 2400 FO | 261,80 |
| 7.3 | 4400 VE | 178,50 | 6082 NHW<br>2600 VORST | 150,00<br>28,50 |
| 7.4 | 6030 AWB<br>2600 VORST | 90,00<br>17,10 | 2880 KA | 107,10 |
| 7.5 | 2400 FO | 7.735,00 | 5000 UEFE<br>4800 UST | 6.500,00<br>1.235,00 |
| 7.6 | 3001 P | | 2800 BK | 1.500,00 |
| 7.7 | 7000 GWST<br>3001 P<br>7030 KFZST<br>4800 UST | 900,00<br>600,00<br>550,00<br>2.493,75 | 2800 BK | 4.543,75 |
| 7.8 | 6040 AWVM<br>2600 VORST | 400,00<br>76,00 | 4400 VE | 476,00 |
| 7.9 | 4400 VE | 5.355,00 | 2800 BK<br>6022 NH<br>2600 VORST | 5.194,35<br>135,00<br>25,65 |
| 7.10 | 0500 UGR | | 3001 P | 80.000,00 |
| 7.11 | 6800 BMK<br>6820 PUK<br>6870 WER<br>2600 VORST<br>7030 KFZST<br>6900 VBEI | 200,00<br>986,00<br>340,00<br>289,94<br>400,00<br>450,00 | 2800 BK | 2.665,94 |
| 7.12 | 2800 BK | 1.481,20 | 5710 ZE<br>5400 EMP<br>4800 UST | 315,00<br>980,00<br>186,20 |
| 7.13 | 4400 VE | 595,00 | 6000 AWR<br>2600 VORST | 500,00<br>95,00 |
| 7.14 | 8020 GUV | | 3000 EK | 120.500,00 |
| 7.15 | 5000 UEFE | | 5001 EBFE | 350,00 |
| 7.16 | 2800 BK<br>5101 EBHW<br>4800 UST | 2.332,40<br>40,00<br>7,60 | 2400 FO | 2.380,00 |
| 7.17 | 3000 EK | | 3001 P | 81.000,00 |
| 7.18 | 5001 EBFE<br>4800 UST | 500,00<br>95,00 | 2400 FO | 595,00 |
| 7.19 | 6030 AWB | | 6031 BZKB | 420,00 |
| 7.20 | 8010 SBK | | 0870 BA | 65.000,00 |

Nur die Hälfte richtig? Eine Wiederholung der Station verbessert deine Leistungen.

**Lösung Station 7**

8.1 Welche Größen unterscheidet die Prozentrechnung?

8.2 Der Prozentwert lässt sich leicht ohne Taschenrechner ermitteln:

8.2.1 Berechne

| | | | | | | | |
|---|---|---|---|---|---|---|---|
| 3 % | von | 15.000,00 € | 6.600,00 € | 180,00 € | 21,00 € | 0,70 € | 0,50 € |
| 20 % | von | 24.000,00 € | 3.400,00 € | 210,00 € | 15,00 € | 0,80 € | 0,10 € |
| 12,5 % | von | 88.000,00 € | 7.200,00 € | 960,00 € | 24,00 € | 0,64 € | 0,40 € |
| $16\frac{2}{3}$ % | von | 21.000,00 € | 4.500,00 € | 666,00 € | 36,00 € | 0,24 € | 0,06 € |

8.2.2 Welche der Prozentsätze aus Nr. 8.2.1 zählen zu den bequemen Prozentsätzen?

8.2.3 Nenne zwei weitere bequeme Prozentsätze.

8.3 Aufgaben aus der Einkaufs- und Verkaufskalkulation.

8.3.1 Berechne den Listeneinkaufspreis für eine Büchertasche:
Bezugspreis 30,00 €, Bezugskosten 3,00 €, Liefererrabatt 10 %.

8.3.2 Ein multifunktionales Mobiltelefon wird vom Hersteller für 99,00 € netto angeboten.
Der Produzent rechnet mit 10 % Kundenrabatt und 3 % Kundenskonto. Wie viel Prozent Gewinn verbleiben dem Unternehmer, wenn die Selbstkosten je Handy 60,00 € betragen?

8.3.3 Der Bezugspreis von 5000 DVDs beträgt 6.500,00 €. Wie viel Prozent Skonto gewährte der Lieferer, wenn für den Versand 228,00 € entrichtet wurden und der Lieferer 20 % Mengenrabatt auf den Listeneinkaufspreis von 8.000,00 € gewährte?

8.3.4 Der Jahresüberschuss eines erfolgreichen Unternehmers betrug bereits im ersten Geschäftsjahr 120.000,00 €. Im zweiten Jahr belief sich der Reingewinn sogar auf 180.000,00 €. Wie viel Prozent beträgt die Gewinnsteigerung?

8.3.5 Der Nettoverkaufspreis eines Computertisches wurde mit 96,30 € neu festgelegt, nachdem er um 10 % gesenkt worden war. Wie viel Euro betrug der ursprüngliche Preis?

8.3.6 Bei der Begleichung einer Rechnung innerhalb der Skontofrist ergab sich folgende Buchung:

| | | | | |
|---|---|---|---|---|
| 4400 VE | 4.760,00 € | an | 2800 BK | 4.664,80 € |
| | | | 6022 NH | 80,00 € |
| | | | 2600 VORST | 15,20 € |

8.3.6.1 Um welchen Werkstoff handelt es sich bei dem Geschäftsfall?

8.3.6.2 Berechne den Skonto in Prozenten.

8.4 Bearbeite folgende Aufgaben zur Infografik *„In der Tonne“:*

8.4.1 Berechne den Rückgang der produzierten Abfälle in privaten Haushalten je Einwohner zwischen den Jahren 2009 und 2010 in Prozenten.

8.4.2 In welchem Jahr wurde von den Haushalten am wenigsten Müll produziert?

8.4.3 Berechne den Anteil von Biomüll im Jahr 2010 in Prozenten.

8.4.4 Nenne drei mögliche Beiträge zur Reduzierung von Müll in privaten Haushalten.

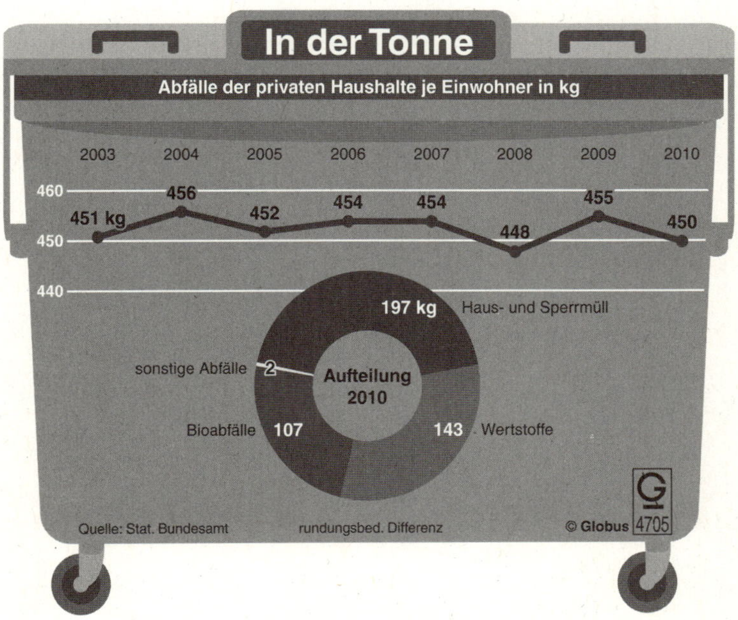

Lösung Station 8 (Fortsetzung)

## Station 9: Handelswaren

9.1 Fragen rund um die Handelswaren.

9.1.1 Erkläre den Begriff Handelswaren mithilfe eines Beispiels.

9.1.2 Warum führen Fertigungsunternehmen Handelswaren?

9.1.3 Welche Handelswaren sind in folgenden Unternehmen denkbar? Finde jeweils zwei Beispiele.

- Kleiderfabrik
- Schuhhersteller
- Hersteller von Spielwaren
- Produzent von Küchen
- Automobilhersteller
- Möbelfabrik
- Gärtnerei
- Geigenbauer

9.2 Bei diesem Kalkulationsschema ist einiges durcheinander geraten. Stelle die Kalkulation richtig.

| | |
|---|---|
| Listeneinkaufspreis | |
| – Liefererskonto | |
| Bezugspreis | |
| + Liefererrabatt | Angebotskalkulaton |
| Zieleinkaufspreis | |
| – Bezugskosten | |
| Bareinkaufspreis | |
| + Gemeinkosten für Handelswaren | |
| Selbstkosten | |
| – Gewinn | |
| Barverkaufspreis | |
| + Kundenskonto | Bezugskalkulation |
| Nettoverkaufspreis/Angebotspreis | |
| – Kundenrabatt | |
| Zielverkaufspreis | |

9.3 Kalkulationshilfen

9.3.1 Welche Kalkulationshilfen sind dir bekannt?

9.3.2 Welches ist die richtige Formel zur Errechnung des Kalkulationsaufschlages in Prozenten?

A) KA: $\dfrac{\text{Verkaufspreis}}{\text{Einstandspreis}}$

B) KA: $\dfrac{\text{Kalkulationsfaktor}}{100}$

C) KA: $\dfrac{(\text{Verkaufspreis} - \text{Einstandspreis}) \cdot 100}{\text{Einstandspreis}}$

9.4 Ergänze die fehlenden Rechenoperationen:

9.4.1 Bezugspreis ? Kalkulationsfaktor = Verkaufspreis

9.4.2 Bezugspreis ? Kalkulationsaufschlag = Verkaufspreis

9.4.3 Verkaufspreis ? Kalkulationsfaktor = Bezugspreis

9.5 Kalkulationsaufgabe

Ein Elektrohändler bezieht elektrische Zahnbürsten zum Listenpreis von 124,00 €. Der Lieferer gewährt 20 % Rabatt und 2 % Skonto, die Bezugskosten betragen 2,78 €. Der Händler rechnet mit 10 % Gemeinkosten für Handelswaren und 40 % Gewinn.

9.5.1 Zu welchem Barverkaufspreis kann eine Elektrozahnbürste angeboten werden?

9.5.2 Mit welchem Kalkulationsaufschlag rechnet der Händler?

**Lösung Station 9 (Fortsetzung)**

## Station 10: Kleines Umsatzsteuerlexikon

Gesucht werden die Definitionen für folgende Begriffe:

- Bemessungsgrundlage
- Zahllast
- Mehrwert
- Nettobetrag
- Endverbraucher
- Bruttobetrag
- Vorsteuer
- Ermäßigter Steuersatz
- Umsatzsteuervoranmeldung
- Umsatzsteuer-Identifikationsnummer

Bei folgenden Aussagen und Buchungen zum Privatkonto haben sich zum Teil **Fehler** eingeschlichen. Verbessere die Fehler.

11.1 Das Konto Privat ist ein Unterkonto des Kontos GUV.

11.2 Privateinlagen vermindern das Eigenkapital.

11.3 Der Abschluss des Kontos Privat gehört zu den vorbereitenden Abschlussbuchungen.

11.4 Privatentnahmen in Geld sind umsatzsteuerpflichtig.

11.5 Die Einkommensteuer und die Gewerbesteuer zählen zu den privaten Steuern.

11.6 Privatentnahmen werden auf der Habenseite von Konto 3001 P gebucht.

11.7 Sind die Privateinlagen höher als die Privatentnahmen ergibt sich auf dem Konto Privat ein Sollsaldo.

11.8 Der Gewinn ist das Einkommen des Unternehmers.

11.9 Summe der Privatentnahmen 125.000,00 €
Summe der Privateinlagen 80.000,00 €

Die vorbereitende Abschlussbuchung dazu lautet:

3000 EK an 3001 P 205.000,00 €

11.10 Aufgrund der Eintragungen in den Konten 3000 EK und 3001 P ergaben sich folgende Abschlussbuchungen:

| Soll | 3000 EK | | Haben |
|---|---|---|---|
| | | 8000 | 75.000,00 |

| Soll | 3001 P | | Haben |
|---|---|---|---|
| 2880 | 5.000,00 | 0500 | 20.000,00 |

- Vorbereitende Abschlussbuchung: 3000 EK an 3001 P 5.000,00 €
- Abschlussbuchung: 8010 SBK an 3000 EK 100.000,00 €

**Lösung Station 11**

## Station 12: Der Einkauf/die Einkaufskalkulation

12.1 Fragen quer durch den Einkauf.

12.1.1 Welche Werkstoffe werden in einem Industrieunternehmen verarbeitet?

12.1.2 Nenne zwei Gründe für die Gewährung von Rabatten.

12.1.3 Wie werden Rabatte buchhalterisch behandelt?

12.1.4 Was versteht man unter dem Begriff „Skonto“?

12.1.5 Welche nachträglichen Nachlässe kennst du noch?

12.1.6 Finde zwei Beispiele für Betriebsstoffe.

12.1.7 Für welches der folgenden Beispiele ist die Bezeichnung „Bezugskosten“ unzutreffend?
Rollgeld, Fracht, Gebühr für Fax und E-Mail, Porto, Zölle.

12.1.8 Welche Aussage trifft zu?

- Rücksendungen an den Lieferer werden auf Unterkonten storniert.
- Bei Rücksendungen von Werkstoffen erfolgt eine Umkehrung der Einkaufsbuchung.
- Rücksendungen und Nachlässe werden auf entsprechenden Unterkonten erfasst.

12.1.9 Per Fax liegen drei Angebote für Hilfsstoffe vor. Wofür kann in diesem Fall die Angebotskalkulation eine Hilfe sein?

12.1.10 Welche Fakten können neben dem Preis beim Einkauf von Bedeutung sein?

12.2 Ergänze folgende lückenhafte Einkaufskalkulation:

| | | | |
|---|---|---|---|
| Listeneinkaufspreis<br>– ????? | | 25.000,00 €<br>????? € | 100 %<br>20 % |
| Zieleinkaufspreis<br>– Liefererskonto | 100 %<br>????? % | ????? €<br>400,00 € | ????? % |
| Bareinkaufspreis<br>+ ????? | ????? % | ????? €<br>????? € | |
| Bezugspreis (Einstandspreis) | | 20.100,00 € | |

12.3 Bei der obigen Einkaufskalkulation handelt es sich um Rohstoffe.

12.3.1 Bilde den Buchungssatz für die Barzahlung der Eingangsfracht. Umsatzsteuer 19 %.

12.3.2 Wie lautet der Buchungssatz für den Zielkauf der Werkstoffe? Umsatzsteuer 19 %.

12.3.3 Aufgrund der Qualitätsmängel gewährt der Lieferer einen Nachlass von 10 %. Bilde den erforderlichen Buchungssatz für die Gutschrift.

12.3.4 Die Restverbindlichkeit wird innerhalb der Skontofrist durch Banküberweisung beglichen. Bilde den Buchungssatz.

12.4 Erstelle selbst eine lückenhafte Bezugskalkulation und lasse diese in der Gruppe lösen.

**Lösung Station 12**

13.1 Ordne folgende Begriffe dem entsprechenden Bereich zu:

**Einkaufsbereich** **Verkaufsbereich**

*Kunde, Eingangsrechnung, Vorsteuer, Fertigerzeugnisse, Werkstoffe, Umsatzsteuer, Bezugskosten, Lieferer, Forderungen aus Lieferungen und Leistungen, Ausgangsfracht, Konto Erlösberichtigungen Handelswaren, Ausgangsrechnung, Konto Nachlässe Betriebsstoffe, Aufwendungen für Verpackungsmaterial, Verbindlichkeiten aus Lieferungen und Leistungen.*

13.2 Bei der Erstellung der Angebotskalkulation für einen Computertisch haben sich leider **zwei Fehler** eingeschlichen. Stelle die Mängel richtig.

| | | | |
|---|---|---|---|
| Bezugspreis | | 175,00 € | 100 % |
| + Gewinn 12 % | | 21,00 € | 12 % |
| Barverkaufspreis | 98 % | 196,00 € | 88 % |
| + Kundenskonto 2 % | 2 % | 4,00 € | |
| Zielverkaufspreis | 100 % | 200,00 € | 80 % |
| + Kundenrabatt 20 % | | 50,00 € | 20 % |
| Angebotspreis | | 250,00 € | 100 % |

13.3 Die Computertische werden im Fertigungsunternehmen Glück produziert.

13.3.1 Eine Kaufhauskette bestellt für eine Sonderaktion 200 Stück. Bilde den Buchungssatz für die Ausgangsrechnung, USt. 19 %.

13.3.2 Firma Glück liefert „frei Haus". Die Kosten für Ausgangsfracht in Höhe von 5,00 € je Computertisch werden bar beglichen. Wie lautet der Buchungssatz (USt. 19 %)?

13.3.3 Zwei Computertische weisen Farbmängel auf. Die Kaufhauskette sendet diese zurück. Bilde den Buchungssatz für die Gutschrift.

13.3.4 Der Kunde begleicht die Rechnung für die Fertigerzeugnisse innerhalb der Skontofrist durch Banküberweisung. Wie lautet der Buchungssatz?

13.3.5 Im laufenden Geschäftsjahr hat das Unternehmen Glück mit der Kaufhauskette Umsätze in Höhe von insgesamt 50.000,00 € netto getätigt. Glück gewährt am Jahresende einen Bonus von 2 %. Bilde den Buchungssatz für die Gutschrift.

13.4 Zur Erweiterung seiner Produktion bezieht das Unternehmen Glück hochwertige Designer-Drehstühle aus Italien. Zur Berechnung des Nettoverkaufspreises für das Modell „Europa" wurde folgendes Rechenblatt erstellt:

| | A | B | C |
|---|---|---|---|
| 1 | Selbstkostenpreis | | 392,00 € |
| 2 | + Gewinn | ????? % | 392,00 € |
| 3 | Barverkaufspreis | | 784,00 € |
| 4 | + Kundenskonto | 2 % | 16,00 € |
| 5 | Zielverkaufspreis | | 800,00 € |
| 6 | + Kundenrabatt | 20 % | ????? € |
| 7 | Nettoverkaufspreis | | ????? € |

13.4.1 Mit welchem Gewinn in Prozent kalkuliert Glück?

13.4.2 Welche Formel musste zur Berechnung des Skontos in Zelle C4 eingegeben werden?

13.4.3 Bilde den Buchungssatz für den Zielverkauf von zwei Drehstühlen an ein Architekturbüro, der Rabatt wird gewährt, Umsatzsteuer 19 %.

**Lösung Station 13**

## Lösung Station 13 (Fortsetzung)

## Station 14: 20 Testfragen

Übertrage die Lösungsworte in die unten stehende Tabelle. Die Zahl der Zeichen entspricht der Anzahl der Buchstaben. Den Lösungssatz findest du durch Aneinanderreihung der mit O markierten Buchstaben. Umlaute sind **nicht** in zwei Buchstaben zu zerlegen.

**Lösung Station 14**

| | | |
|---|---|---|
| 1. Wie wird die linke Seite der Bilanz bezeichnet? | O????? | |
| 2. Welches Passivkonto nimmt bei einer Eingangsrechnung zu? | ???????O???????? | |
| 3. Mit welcher Art von Computerprogramm kann man Tabellen und Grafiken erstellen und Berechnungen durchführen? | ????O????????????? | |
| 4. Diese Unterlagen müssen geordnet, abgelegt und aufbewahrt werden. | ?O???? | |
| 5. Wie wird der Nachlass bei Zahlung innerhalb einer vereinbarten Frist (z. B. 8–10 Tagen) bezeichnet? | O????? | |
| 6. Dieser Aufschlag ist eine Hilfe zur schnellen Ermittlung des Verkaufspreises. | ???O???????????????? | |
| 7. Nenne einen anderen Begriff für die „Miete" eines Kopiergerätes. | O?????? | |
| 8. Der Staat erhebt diese Steuer bei jedem Kauf von Gütern und Dienstleistungen. | ???O???????? | |
| 9. Wie heißen die Nachlässe, die bei Eingangs- und Ausgangsrechnungen sofort von der Rechnung abgezogen werden? | O?????? | |
| 10. Diese Stoffe gehen als Nebenbestandteile in das Produkt ein. | ?O????????? | |
| 11. Wie bezeichnet man die Produkte, die ein Unternehmen von einem anderen Hersteller bezieht und zusätzlich zu den selbstgefertigten Erzeugnissen verkauft? | ??O????????? | |
| 12. Nenne eine weitere Bezeichnung für Reingewinn. | O?????????????? | |
| 13. Welche Konten erscheinen auf der Habenseite des GUV-Kontos? | ????O???????? | |
| 14. Welche Stoffe bilden den Hauptbestandteil eines Produkts? | ??O?????? | |
| 15. Welche Steuer stellt eine Forderung an das Finanzamt dar? | ??O?????? | |
| 16. Wie werden die Kosten, die beim Einkauf von Werkstoffen und Handelswaren anfallen können, bezeichnet? | ????O??????? | |
| 17. Über welches Konto werden die Bestandskonten am Jahresende abgeschlossen? | ?????????O??????? | |
| 18. Wie wird das ausführliche Bestandsverzeichnis aller Vermögenswerte, der Schulden und des Reinvermögens bezeichnet? | ?O?????? | |
| 19. Welches Vermögen verbleibt nur kurze Zeit im Betrieb und ist ständigen Änderungen unterworfen? | ??????????O?? | |
| 20. Welche Kontenklasse enthält die Konten für die Ergebnisrechnungen? | Ziffer(O) | |

Lösungssatz: ????? ???? ?? ???????? ? ______

## 9.2 Geschäftsgang zum Buchungskreislauf zur Wiederholung

### Aufgabe 270

Die Auszubildende Schnell hat die Arbeitsschritte für den Geschäftsgang eines Unternehmens etwas durcheinander gebracht. Stelle die Reihenfolge richtig.

1. Abschluss der Unterkonten auf den Hauptkonten (Vorbereitende Abschlussbuchungen).

2. Eröffnungsbuchungen (Eröffnung der Bestandskonten über das Konto 8000 EBK).
3. Aufstellen der Bilanz zum 01. 01. 20.. (Eröffnungsbilanz = Schlussbilanz des alten Geschäftsjahres).
4. Abschluss der aktiven und passiven Bestandskonten über das Schlussbilanzkonto.
5. Abschluss der Erfolgskonten auf das Konto 8020 GUV.
6. Übertragung des Erfolgs (Gewinn oder Verlust) auf das Konto 3000 EK.
7. Erfassen der laufenden Geschäftsfälle.

**Lösung 270**

**Aufgabe 271**

Das Eröffnungsbilanzkonto einer Bäckerei weist folgende Werte aus:

| Soll | | 8000 EBK | Haben |
|---|---|---|---|
| 3000 EK | 62.200,00 | 0530 BVG | 30.000,00 |
| 4250 LBKV | 12.000,00 | 0700 MA | 25.200,00 |
| 4400 VE | 9.400,00 | 0870 BA | 11.600,00 |
| | | 2400 FO | 6.400,00 |
| | | 2800 BK | 8.320,00 |
| | | 2880 KA | 2.080,00 |
| | 83.600,00 | | 83.600,00 |

1. Stelle die dazugehörige Bilanz zum 01. 01. 20.. auf.
2. Bilde die Buchungssätze zur Eröffnung der Konten 3000 EK, 2880 KA, 4400 VE.
3. Ermittle die Summe des Anlagevermögens.
4. Welche Konten erfassen das Fremdkapital?

**Lösung 271**

| S | Bilanz zum 01. 01. 20.. | H |
|---|---|---|
| | | |

**Aufgabe 272**

1. Bilde die Buchungssätze für den Abschluss folgender Konten:

| Konto | Schlussbestand/Saldo | |
|---|---|---|
| 0500 UGR | 25.000,00 € | |
| 4250 LBKV | 18.000,00 € | |
| 5100 UEHW | 16.500,00 € | |
| 6011 BZKF | 950,00 € | |
| 8020 GUV | 3.400,00 € | (Verlust) |
| 6032 NB | 500,00 € | |
| 6820 PUK | 670,00 € | |
| 3001 P | 1.000,00 € | (Entnahmen) |
| 7020 GRST | 900,00 € | |
| 2800 BK | 12.000,00 € | |

2. Welche der obigen Konten zählen zu den Unterkonten?
3. Warum werden Unterkonten gebildet?

**Lösungen 272**

**Lösungen 272 (Fortsetzung)**

## Aufgabe 273

| Soll | 6001 BZKR | | Haben |
|---|---|---|---|
| 3. 4400 VE | 250,00 | 7. 4400 VE | 100,00 |
| 5. 4400 VE | 320,00 | | |

| Soll | 6002 NR | | Haben |
|---|---|---|---|
| | | 10. 4400 VE | 200,00 |
| | | 16. 4400 VE | 18,00 |

1. Schließe die Konten 6001 BZKR und 6002 NR ab.
2. Wie lauten die Buchungssätze für die vorbereitenden Abschlussbuchungen?
3. Formuliere jeweils einen Geschäftsfall für die Eintragungen Nr. 3, Nr. 7 und Nr. 10.

## Lösung 273

| S | 6001 BZKR | | H |
|---|---|---|---|
| | | | |
| | | | |
| | | | |
| | | | |

| S | 6002 NR | | H |
|---|---|---|---|
| | | | |
| | | | |
| | | | |
| | | | |

**Lösung 273 (Fortsetzung)**

**Aufgabe 274**

Berechne die fehlenden Werte:

| | Aufwendungen | Erträge | Gewinn |
|---|---|---|---|
| 1. | 120.000,00 € | 175.000,00 € | ????? |
| 2. | ????? | 200.000,00 € | 60.000,00 € |
| 3. | 210.000,00 € | ????? | 88.000,00 € |

| | Summe der Aktiva | Summe des Fremdkapitals | Eigenkapital |
|---|---|---|---|
| 1. | 550.000,00 € | 350.000,00 € | ????? |
| 2. | 900.000,00 € | ????? | 750.000,00 € |
| 3. | ????? | 240.000,00 € | 760.000,00 € |

**Lösung 274**

**Aufgabe 275**

Führe den nachfolgenden Geschäftsgang für die Hosenfabrik „Miss Pretty" durch.
Eröffne die Konten, buche die Geschäftsfälle und schließe die Konten ab (USt. 19 %).

| Aktiva | Bilanz zum 01. 01. 20.. | | Passiva |
|---|---|---|---|
| 0500 UGR | 11.000,00 | 3000 EK | 56.400,00 |
| 0700 MA | 22.000,00 | 4400 VE | 6.000,00 |
| 0840 FP | 8.000,00 | 4800 UST | 4.000,00 |
| 0860 BM | 1.000,00 | | |
| 2400 FO | 9.000,00 | | |
| 2600 VORST | 800,00 | | |
| 2800 BK | 12.100,00 | | |
| 2880 KA | 2.500,00 | | |
| | 66.400,00 | | 66.400,00 |

Weitere Konten:

3001 P, 5000 UEFE, 5400 EMP, 6000 AWR, 6020 AWH, 6021 BZKH, 6022 NH, 6030 AWB, 6080 AWHW, 6700 AWMP, 6730 GEB, 6820 PUK, 6870 WER, 7000 GWST, 7030 KFZST, 8010 SBK, 8020 GUV

Geschäftsfälle:

1. Zieleinkauf von Baumwollstoffen für die Produktion, netto — 6.000,00 €
2. Banklastschrift: Kraftfahrzeugsteuer — 2.000,00 €
3. Kauf eines Grundstücks (Parkplatz) auf Ziel — 11.000,00 €
4. Verkauf von Damenhosen auf Ziel, netto — 30.000,00 €
5. Eingangsrechnung für Knöpfe und Faden, netto — 1.200,00 €
6. Ein Kunde überweist auf das Bankkonto — 13.450,00 €
7. Banklastschrift:
   Grunderwerbsteuer für den Kauf eines Parkplatzes (siehe Nr. 3) 3,5 % vom Kaufpreis — ?????
   Miete für Geschäftsräume in der Innenstadt, netto — 1.500,00 €
   Zahllast — 1.230,00 €
8. Entnahme aus der Kasse für den Schullandheimaufenthalt der Tochter — 145,00 €
9. Bankabbuchung der Stromrechnung, brutto — 1.118,60 €
10. Zielkauf von Damenschuhen für die Frühjahrskollektion, netto — 2.550,00 €
11. Rücksendung von fünf Paar Damenschuhen im Wert von je 75,00 € netto aufgrund von Farbmängeln, Gutschrift — ?????
12. Banküberweisung der Restrechnung aus Nr. 10 unter Berücksichtigung von Nr. 11 an den Schuhlieferanten — ?????
13. Barzahlung der Eingangsfracht für den Geschäftsfall Nr. 5, netto — 25,00 €
14. 10 Damenhosen wurden in falscher Größe an den Kunden geliefert. Für die Rücksendung erhält der Kunde eine Gutschrift, brutto — 357,00 €
15. Banküberweisung der Rechnung aus Nr. 5 abzüglich 3 % Skonto — ?????
16. Berücksichtige auch folgenden Kontoauszug

Beleg: Kontoauszug

**INDUSTRIEBANK STAMMHAUSEN**

| AUSZUG-NR. | BLZ | BL-NR. | KONTO-NR. |
|---|---|---|---|
| 451 | 795 600 50 | 3 | 235 112 |

| BU-TAG | Text | Valuta | Umsatz |
|---|---|---|---|
| 01. 10. | Telefonrechnung, inkl. 19 % USt. | 01. 10. | 646,17 S |
| 01. 10. | Werbung Tele-Regional, inkl. 19 % USt. | 01. 10. | 1.904,00 S |
| 02. 10. | Miete, inkl. 19 % USt. | 02. 10. | 714,00 H |
| 03. 10. | Abfallentsorgung Problemmüll, Hubert Müller GmbH, inkl. 19 % USt. | 05. 10. | 522,00 S |
| 04. 10. | Grunderwerbsteuer (Parkplatz) | 04. 10. | 3.150,00 S |

Herrn/Frau/Firma
**Miss Pretty**
**84941 Stammhausen**

IBAN DE72795600000000235112
BIC IBSTDEFF

**Kontoauszug**

| Letzte Erstellung | Alter Kontostand |
|---|---|
| 29. 09. | 2.331,03 H |
| Erstellungstag | Neuer Kontostand |
| 05. 10. | 3.177,14 S |

KENNEN SIE SCHON DIE NEUEN HOMETERMINALS ZU KONTO-DIREKT?
WIR HABEN TOLLE ANGEBOTE FÜR SIE.

## Lösung 275

**Lösung 275 (Fortsetzung)**

| S | 8000 EBK | H |
|---|---|---|
| | | |

| S | 0500 UGR | H |
|---|---|---|
| | | |

| S | 0700 MA | H |
|---|---|---|
| | | |

**Lösung 275 (Fortsetzung)**

S 0840 FP H

S 2400 FO H

S 2800 BK H

S 3000 EK H

S 4400 VE H

S 5400 EMP H

S 0860 BM H

S 2600 VORST H

S 2880 KA H

S 3001 P H

S 4800 UST H

S 5000 UEFE H

S 6000 AWR H

**Lösung 275 (Fortsetzung)**

S 6020 AWH H

S 6021 BZKH H

S 6022 NH H

S 6030 AWB H

S 6080 AWHW H

S 6700 AWMP H

S 6730 GEB H

S 6870 WER H

S 6820 PUK H

S 7000 GWST H

S 8020 GUV H

S 7030 KFZST H

S 8010 SBK H

**Aufgabe 276**

Das Familienunternehmen „Christian Freund e. K." fertigt seit über 20 Jahren Küchen.
Führe nachfolgenden Geschäftsgang durch (USt. 19 %).

| Aktiva | Bilanz zum 31. Dezember 20.. | | Passiva |
|---|---|---|---|
| 0530 BVG | 450.000,00 | 3000 EK | 825.000,00 |
| 0700 MA | 300.000,00 | 4250 LBKV | 350.000,00 |
| 0840 FP | 120.000,00 | 4400 VE | 120.000,00 |
| 0860 BM | 60.000,00 | 4800 UST | 45.000,00 |
| 0870 BA | 220.000,00 | | |
| 2400 FO | 75.000,00 | | |
| 2600 VORST | 15.000,00 | | |
| 2800 BK | 95.000,00 | | |
| 2880 KA | 5.000,00 | | |
| | 1.340.000,00 | | 1.340.000,00 |

Weitere Konten:
3001 P, 5000 UEFE, 5001 EBFE, 5400 EMP, 6000 AWR, 6001 BZKR, 6010 AWF, 6800 BMK, 6870 WER, 7030 KFZST, 8010 SBK, 8020 GUV

| | | |
|---|---|---|
| 1. | Zieleinkauf von Furnierholz, netto<br>abzüglich 25 % Rabatt | 20.000,00 € |
| 2. | Barzahlung der Fracht für die Eingangsrechnung aus Nr. 1, netto | 180,00 € |
| 3. | Zielverkauf von 10 Küchenzeilen an einen Möbelmitnahmemarkt<br>für eine Sonderaktion, netto<br>abzüglich 10 % Rabatt | 14.500,00 € |
| 4. | Ein Lottogewinn wird in das Unternehmen eingebracht,<br>Bankgutschrift | 5.000,00 € |
| 5. | Der Kunde (siehe Nr. 3) überweist den Rechnungsbetrag abzüglich<br>3 % Skonto auf das Bankkonto | ????? |
| 6. | Bankgutschrift für ein verpachtetes Grundstück, netto | 550,00 € |
| 7. | Eingangsrechnung für Fremdbauteile, brutto | 1.785,00 € |
| 8. | Zielkauf eines neuen Kopiergerätes, brutto | 13.090,00 € |
| 9. | Einige Fremdbauteile aus Nr. 7 weisen Mängel auf.<br>Wir senden diese zurück und erhalten eine Gutschrift von netto | 200,00 € |
| 10. | Bankauszug:<br>Werbeanzeige, brutto<br>Kopierpapier, brutto<br>Kfz-Steuer | <br>142,80 €<br>238,00 €<br>550,00 € |

11. Beantworte folgende Fragen:

11.1 Um welche Rechtsform handelt es sich beim Unternehmen „Freund"?

11.2 Bei den Geschäftsfällen 1 und 3 wurde Rabatt gewährt. Nenne zwei mögliche Gründe.

11.3 Handelt es sich bei Geschäftsfall Nr. 4 um eine Privateinlage oder Privatentnahme?

11.4 Wie viel Euro beträgt der Gewinn oder der Verlust?

11.5 „Freund" bezieht in Geschäftsfall Nr. 7 Fremdbauteile. Finde dazu zwei mögliche Beispiele.

11.6 Bei welchen der obigen Geschäftsfälle handelt es sich um Erträge?

11.7 „Freund" zahlt 550,00 € Kfz-Steuer. Nenne zwei weitere betriebliche Steuern.

11.8 Welche Unterkonten wurden bei diesem Geschäftsgang benötigt?

11.9 Wie viel EURO beträgt die Summe des Anlagevermögens in der Schlussbilanz?

**Lösung 276**

**Lösung 276 (Fortsetzung)**

| S | | 8000 EBK | | H |
|---|---|---|---|---|
| | | | | |

**Lösung 276 (Fortsetzung)**

S 0530 BVG H

S 0700 MA H

S 0840 FP H

S 0860 BM H

S 0870 BA H

S 2400 FO H

S 2600 VORST H

S 2800 BK H

S 2880 KA H

S 3000 EK H

S 3001 P H

S 4400 VE H

S 4250 LBKV H

S 4800 UST H

S 5000 UEFE H

**Lösung 276 (Fortsetzung)**

| S | 5001 EBFE | H |
|---|---|---|

| S | 5400 EMP | H |
|---|---|---|

| S | 6000 AWR | H |
|---|---|---|

| S | 6001 BZKR | H |
|---|---|---|

| S | 6010 AWF | H |
|---|---|---|

| S | 6800 BMK | H |
|---|---|---|

| S | 6870 WER | H |
|---|---|---|

| S | 7030 KFZST | H |
|---|---|---|

| S | 8020 GUV | H |
|---|---|---|

| S | 8010 SBK | H |
|---|---|---|

**Lösung 276 (Fortsetzung)**

## Aufgabe 277

Informationen zum Unternehmen:

Das Unternehmen Wendelstein-Spielgeräte ist ein bekannter Hersteller von Spielgeräten für Kinderspielplätze aus heimischen Hölzern sowie aus Metall. Darüber hinaus bietet das Unternehmen Handelswaren (Sportbälle) und als Dienstleistung die Organisation von Spielfesten (Stadtfeste, Firmenjubiläen, ...) an. Das Unternehmen setzt vor allem auf ökologisch unbedenkliche Produkte sowie auf eine möglichst umweltgerechte Produktion.

| | |
|---|---|
| **Inhaberin** | Katharina Wendelstein, e. Kfr. |
| **Rechtsform** | Einzelunternehmen |
| **Anschrift (Firmensitz)** | Im Erlengrund 3, 83026 Rosenheim |
| **Unternehmenszweck** | Spielgeräte für Kinderspielplätze |
| **Handelsregister** | Registergericht Rosenheim Nr. 7682 |
| **St.-Nr.** | 9156/204/20100 |
| **Mitarbeiterzahl** | 20 Mitarbeiter (4 Angestellte/16 Arbeiter) |
| **Absatzgebiete** | Deutschland, Österreich, Schweiz |
| **Stoffe, Handelswaren, Dienstleistungen** | |
| **Rohstoffe** | Hölzer verschiedener heimischer Baumarten, Metalle |
| **Vorprodukte/Fremdbauteile** | Rutschen, Sandschütten, Schaukelsitze, ... |
| **Hilfsstoffe** | Schrauben, Leim, Wachse, ... |
| **Betriebsstoffe** | Strom, Gas, Wasser, Schmierstoffe, ... |
| **Handelswaren** | Spielzeug, Sportzubehör (Bälle), ... |
| **Dienstleistungen** | Organisation von Spielfesten |

Als Mitarbeiter/Mitarbeiterin in der Abteilung Rechnungswesen hast du folgende Arbeitsaufträge zu erledigen.

1. Eröffne aufgrund der folgenden vereinfachten Bilanz die Bestandskonten und gib die Buchungssätze für die Eröffnungsbuchungen an.

A — Bilanz zum 01. Jan. 20.. — P

| A | | P | |
|---|---|---|---|
| 0510 BGR | 400.000,00 | 3000 EK | 900.000,00 |
| 0530 BVG | 600.000,00 | 4250 LBKV | 360.000,00 |
| 0700 MA | 200.000,00 | 4400 VE | 25.000,00 |
| 0840 FP | 40.000,00 | 4800 UST | 15.000,00 |
| 0870 BA | 5.000,00 | | |
| 2400 FO | 16.000,00 | | |
| 2600 VORST | 4.000,00 | | |
| 2800 BK | 30.000,00 | | |
| 2880 KA | 5.000,00 | | |
| | 1.300.000,00 | | 1.300.000,00 |

2. Du benötigst noch weitere Konten:

   3001 Privat (P), 5000 Umsatzerlöse für eigene Erzeugnisse (UEFE), 6000 Aufwendungen für Rohstoffe (AWR), 6010 Aufwendungen für Fremdbauteile (AWF), 6011 Bezugskosten Fremdbauteile (BZKF), 6012 Nachlässe Fremdbauteile (NF),

6030 Aufwendungen für Betriebsstoffe (AWB), 6080 Aufwendungen für Handelswaren (AWHW), 6700 Mieten, Pachten (AWMP), 6800 Büromaterial und Kleingüter (BMK), 6820 Post- und Kommunikationsgebühren (PUK), 7030 Kraftfahrzeugsteuer (KFZST), 8010 Schlussbilanzkonto (SBK), 8020 Gewinn- und Verlustkonto (GUV).

3. Bilde für die 12 Belege die Buchungssätze und buche dann in den Konten.
4. Schließe die Konten ordnungsgemäß ab (Reihenfolge beachten!).

**Beleg 1:**

SÄGEWERK
**KRANZHORN GMBH**
Tatzelwurm 100 · 83098 Brannenburg
Telefon: 08034 3040 · Telefax: 08034 3050
E-Mail: info@kranzhorn.xyz

FSC- und PEFC-zertifiziert

SÄGEWERK KRANZHORN GMBH · Tatzelwurm 100 · 83098 Brannenburg

Firma
Wendelstein-Spielgeräte
Im Erlengrund 1
83026 Rosenheim

**RECHNUNG**

| | |
|---|---|
| Rechnungsnummer: | 2062340 |
| Datum: | 18. Januar 20.. |
| Lieferdatum: | 17. Januar 20.. |
| Kundennummer: | 509050 |
| Bestellung: | 10. Januar 20.. |
| Sachbearbeiterin: | Frau Oberauer |

| ART.-NR. | MENGE | BEZEICHNUNG | EINZELPREIS | GESAMTPREIS |
|---|---|---|---|---|
| 1 | 15 m³ | Buchenholz | 300,00 | 4.500,00 Euro |
| | | | | 4.500,00 Euro |
| | | | – Rabatt 10 % | 450,00 Euro |
| | | | Nettobetrag | 4.050,00 Euro |
| | | | + 19 % Umsatzsteuer | 769,50 Euro |
| | | | Rechnungsbetrag | 4.819,50 Euro |

Zahlbar ohne Abzug innerhalb 30 Tagen.
Die Ware bleibt bis zur vollständigen Bezahlung Eigentum des Lieferanten.

Bankverbindung: Genossenschaftsbank Brannenburg · BLZ 720 560 10 · Kontonummer: 223040
Sitz der Gesellschaft: 83098 Brannenburg · Handelsregister Traunstein HRB Nr. 1429
Geschäftsführer: Josef Kranzhorn · Steuer-Nr. 9156/160/13175 · USt-IdNr. DE146064689

**Beleg 2:**

**Kontoauszug** Kontonummer: 500 200 Auszug: 09 **Mangfallbank Rosenheim**
IBAN DE72711280600000500200 Datum: 03. 02. 20.. Blatt: 01
BIC MAFBDEFF

| Vorgang/Buchungsinformation | Buchung | Wertstellung | Umsatz in Euro |
|---|---|---|---|
| _Lastschrift Kfz-Steuer RO-DH661 Finanzamt Rosenheim | 01. 02. | 01. 02. | 50,00 – |
| _Dauerüberweisung – Miete Ausstellungsraum, Bahnhofstraße 1 | 01. 02. | 01. 02. | 714,00 – |
| _Überweisung – Rechnung 3205/01 für Büromaterial vom 02. Januar 20.. | 02. 02. | 02. 02. | 178,50 – |

Mangfallbank Rosenheim · D-83026 Rosenheim
Wendelstein-Spielgeräte
Katharina Wendelstein
Im Erlengrund 3
83026 Rosenheim

| | | |
|---|---|---|
| Zahlungseingänge | EUR | 0,00 + |
| Zahlungsausgänge | EUR | 942,50 – |
| Alter Kontostand | EUR | 14.500,00 + |
| Neuer Kontostand | EUR | 13.557,50 + |

Postanschrift: Mangfallbank Rosenheim 83026 Rosenheim
Direkt-Service: Tel.: 08031 180-60 · Telefon-Banking: Tel.: 08031 180-70 · Erreichbarkeit: 7x24 Stunden
Telefax: 08031 203020 · E-Mail: info@mangfall-bank.xyz · Internet: http://www.mangfall-bank.xyz
Bankleitzahl 711 280 60

**Beleg 3:**

FLORIANSAND e. Kfm.
RUTSCHEN AUS EDELSTAHL UND KUNSTSTOFF
Seestraße 100 · 83209 Prien
Telefon: 08051 4433 · Fax: 08051 6250
E-Mail: info@sand.xyz

FLORIANSAND e. Kfm. · Seestraße 100 · 83209 Prien

Firma
Wendelstein-Spielgeräte
Im Erlengrund 3
83026 Rosenheim

RECHNUNG

| | |
|---|---|
| Seite: | 1/1 |
| Rechnungs-Nr.: | 006220 |
| Datum: | 27. März 20.. |
| Lieferdatum: | 26. März 20.. |
| Kunden-Nr.: | 02032 |
| Bestellung: | 20. März 20.. |

| Menge | Artikel | Einzelpreis | Gesamtpreis |
|---|---|---|---|
| 10 Stück | Edelstahlrutschen | 1.140,00 Euro | 11.400,00 Euro |
| | | – 10 % Rabatt | 1.140,00 Euro |
| | | | 10.260,00 Euro |
| | | + Fracht | 240,00 Euro |
| | | Nettobetrag | 10.500,00 Euro |
| | | + 19 % USt. | 1.995,00 Euro |
| | | Bruttobetrag | 12.495,00 Euro |

Zahlbar ohne Abzug innerhalb von 30 Tagen rein netto.
Die gelieferte Ware bleibt bis zur vollständigen Bezahlung unser Eigentum.
Bankverbindung: Handelsbank Prien · BLZ 750 500 30 · Kontonummer: 695446
Florian Sand, e. Kfm. · Rosenheim HRA 1632
USt-IdNr. DE147060680 · Steuer-Nr. 9156/224/12012

**Beleg 4:**

FLORIANSAND e. Kfm.
RUTSCHEN AUS EDELSTAHL UND KUNSTSTOFF
Seestraße 100 · 83209 Prien
Telefon: 08051 4433 · Fax: 08051 6250
E-Mail: info@sand.xyz

FLORIANSAND e. Kfm. · Seestraße 100 · 83209 Prien

Firma
Wendelstein-Spielgeräte
Im Erlengrund 3
83026 Rosenheim

GUTSCHRIFT

| | |
|---|---|
| Seite: | 1/1 |
| Gutschrift Nr.: | Gu007 |
| Rechnungs-Nr.: | 006220 |
| Datum: | 29. März 20.. |
| Kunden-Nr.: | 02032 |
| Bestellung: | 20. März 20.. |

GUTSCHRIFT

**Unsere Rechnung Nr. 006220 vom 27. März 20.. – Edelstahlrutschen.**

Aufgrund Ihrer Mängelrüge schreiben wir Ihnen pauschal einen Betrag vom 1.026,00 Euro netto gut.

Wir bitten das Versehen zu entschuldigen und werden uns in Zukunft um eine korrekte Ausführung der Aufträge bemühen.

| | |
|---|---|
| Gutschrift, netto | 1.026,00 Euro |
| + Umsatzsteuer 19 % | 194,94 Euro |
| **Gutschrift, brutto** | **1.220,94 Euro** |

Bankverbindung: Handelsbank Prien · BLZ 750 500 30 · Kontonummer: 695446
Florian Sand, e. Kfm. · Rosenheim HRA 1632
USt-IdNr. DE147060680 · Steuer-Nr. 9156/224/12012

## Beleg 5.1:

BAYERISCHE
TELEFONGESELLSCHAFT
EIN UNTERNEHMEN DER
WORLDCOM-GRUPPE

BTG

Bayerische Telefongesellschaft AG, Kundenniederlassung
Postfach 1020 · 93075 Regensburg

Firma
Wendelstein-Spielgeräte
Im Erlengrund 3
83026 Rosenheim

| | |
|---|---|
| Rechnungsdatum | 02. Mai 20.. |
| Rechnungsmonat | April 20.. |
| Kundennummer | 1760806050 |
| Bitte immer angeben: | |
| Rechnungsnummer | 0256525500 |
| Buchungskonto | 4890780300 |
| Seite | 1 von 1 |
| Bei Rückfragen | Telefon: 0800 4402040 |
| | Telefax: 0800 4402041 |

**IHRE RECHNUNG**

| **Artikel oder Leistung** 01. April 20.. bis 30. April 20.. | Artikel-/ Leistungs-Nr. | Menge/ Volumen/ Tarifierte Zeit | Einzelpreis in EURO | Gesamtpreis in EURO |
|---|---|---|---|---|
| 1. Telefonanschluss | 1011 | 1 | 10,00 | 10,00 |
| **Beträge für Verbindungen** | | | | |
| 01. April 20.. bis 01. Mai 20.. | | | | |
| 2. 450 Cityverbindungen | 1731 | 780 | 0,03 | 23,40 |
| 3. 228 Inlandsverbindungen | 1931 | 604 | 0,05 | 30,20 |
| **Sonstige Lieferungen und Leistungen** | | | | |
| Worldcom-Online International AG | | | | |
| 4. Worldcom-Online | 1865 | 1 | 11,40 | 11,40 |
| Online-/Telef.entg. Tarif com | | | | |
| 950 Min. (0,012 EUR/Min.) | | | | |
| vom 01. April 20.. bis 01. Mai 20.. | | | | |
| **Nettobetrag** | | | | **75,00** |
| **Umsatzsteuer 19 %** | | | | **14,25** |
| **Rechnungsbetrag** | | | | **89,25** |

Der EURO-Betrag wird abgebucht von: BLZ 711 280 60 • Kontonummer: 500200. Bitte prüfen Sie die angegebene Bankverbindung und informieren Sie uns umgehend über Änderungen.

Bayerische Telefongesellschaft AG
Ein Unternehmen der Worldcom-Gruppe
Abensberger Straße 9 • 93078 Regensburg
Hausanschrift: Bayerische Telefongesellschaft Kundenbuchhaltung 02 Regensburg • Postfach 101444 • 93075 Regensburg
Bankverbindung: A-Bank Regensburg • BLZ 750 950 00 • Kontonummer: 1002010
Regensburg HRB 1322 • Steuer-Nr. 9244/138/00060

Die Unterlassung rechtzeitiger Einwendung gilt als Genehmigung. Gesetzliche Ansprüche bleiben davon unberührt.
Wir sind verpflichtet, Ihre Verbindungsdaten 80 Tage nach Versand der Rechnung zu löschen, sofern Sie nicht sogar die sofortige Löschung mit uns vereinbart haben.
Vorsitzender des Vorstands: Dr. Manfred Klug

## Beleg 5.2:

**Kontoauszug** Kontonummer: 500 200 Auszug: 29 **Mangfallbank Rosenheim**
IBAN DE72711280600000500200 Datum: 03. 05. 20.. Blatt: 01
BIC MAFBDEFF

| Vorgang/Buchungsinformation | Buchung | Wertstellung | Umsatz in Euro |
|---|---|---|---|
| _Lastschrift – Bay. Telefongesellschaft Re.-Nr. 0256525500 vom 02. 05. 20.. | 02. 05. | 02. 05. | 89,25 – |

Mangfallbank Rosenheim · D-83026 Rosenheim
Wendelstein-Spielgeräte
Katharina Wendelstein
Im Erlengrund 3
83026 Rosenheim

| | | |
|---|---|---|
| Zahlungseingänge | EUR | 0,00 + |
| Zahlungsausgänge | EUR | 89,25 – |
| Alter Kontostand | EUR | 9.590,00 + |
| Neuer Kontostand | EUR | 9.500,75 + |

Postanschrift: Mangfallbank Rosenheim, 83026 Rosenheim
Direkt-Service: Tel.: 08031 180-60 · Telefon-Banking: Tel.: 08031 180-70 · Erreichbarkeit: 7x24 Stunden
Telefax: 08031 203020 · E-Mail: info@mangfall-bank.xyz · Internet: http://www.mangfall-bank.xyz
Bankleitzahl 711 280 60

## Beleg 6:

**PS STATION**
Bahnhofstraße 1
83026 Rosenheim

Obj.-Nr.: 0002051 Telefon: 08031 184010
Fax: 08031 184050

Beleg-Nr.: 8183/008/0001 02. Mai 20.. 10:34 Uhr
Steuer-Nr.: 9156/207/13188

| | |
|---|---|
| *00001 **DIESEL** | 60,00 EUR |
| *Zp 03 | 42,58 l 1,409 EUR/l |
| Gesamtbetrag (BAR) | 60,00 EUR |
| USt.-Anteil 19 % | 9,58 EUR |

VIELEN DANK FÜR IHREN EINKAUF.
AUF WIEDERSEHEN.

## Beleg 7:

ONLINEBANKING ÜBERWEISUNG

**Kontonummer 7777777**
**BLZ 700 250 80**
**Stadtbank München**

| | |
|---|---|
| Kontoinhaber: | Katharina Wendelstein, Fa. WF |
| Bank: | Mangfallbank Rosenheim |
| Kontonummer: | 500200 |
| Druckdatum: | 26. Mai 20.. |

| Datum | | |
|---|---|---|
| 26. Mai 20.. | Empfänger | SOS Kinderdorf |
| | Verwendungszweck | Spende für SOS Jugendhilfe |
| | Betrag | 500,00 Euro |

## Beleg 8:

**WENDELSTEIN-SPIELGERÄTE**
Im Erlengrund 3 · 83026 Rosenheim
Telefon: 08031 4499-0 · Fax: 08031 4499-1 · E-Mail: service@ws.xyz
Internet: http://www.wendelstein-spielgeraete.xyz

Wendelstein-Spielgeräte · Im Erlengrund 3 · 83026 Rosenheim

Stadt Freiburg
z. Hd. Herrn Bürgermeister G. Dreisam
Rathausgasse 1
79110 Freiburg

RECHNUNG

| | |
|---|---|
| Rechnungsnummer: | 07860 |
| Datum: | 04. Juni 20.. |
| Lieferdatum: | 03. Juni 20.. |
| Kundennummer: | 05010 |
| Auftragsdatum: | 04. April 20.. |
| Sachbearbeiter: | H. Münster |

Aufgrund Ihrer Bestellung lieferten wir Ihnen frei Haus
(Spielplatz am Stadtgarten, am Augustinerplatz, im Colombipark):

| Pos. | Artikel/Bezeichnung | Menge | Einzelpreis | Gesamtpreis |
|---|---|---|---|---|
| 1 | Spielanlage, Pisa | 1 | 20.196,00 Euro | 20.196,00 Euro |
| 2 | Spielanlage, Zwergenland | 2 | 11.568,00 Euro | 23.136,00 Euro |
| 3 | Bambini Kletterburg | 1 | 4.238,00 Euro | 4.238,00 Euro |
| 4 | Sandkran | 2 | 451,00 Euro | 902,00 Euro |
| 5 | Zweifachschaukel | 1 | 1.528,00 Euro | 1.528,00 Euro |
| | | | | 50.000,00 Euro |
| | | | – 10 % Rabatt | 5.000,00 Euro |
| | | | Warenwert, netto | 45.000,00 Euro |
| | | | + Umsatzsteuer 19 % | 8.550,00 Euro |
| | | | Rechnungsbetrag | 53.550,00 Euro |

Wir danken für Ihren Auftrag.

Zahlungsbedingungen: Zahlbar innerhalb von 30 Tagen.
Bankverbindung: Mangfallbank Rosenheim • BLZ 711 280 60 • Kontonummer: 500200
Wendelstein-Spielgeräte • Inhaberin: K. Wendelstein, e. Kfr. • Sitz: 83026 Rosenheim • Handelsregister Rosenheim HRA 7682
USt-IdNr. DE129408000 • Steuer-Nr. 9156/204/20100

## Beleg 9:

**WENDELSTEIN-SPIELGERÄTE**
Im Erlengrund 3 · 83026 Rosenheim
Telefon: 08031 4499-0 · Fax: 08031 4499-1 · E-Mail: service@ws.xyz
Internet: http://www.wendelstein-spielgeraete.xyz

Wendelstein-Spielgeräte · Im Erlengrund 3 · 83026 Rosenheim

Stadt Freiburg
z. Hd. Herrn Bürgermeister G. Dreisam
Rathausgasse 1
79110 Freiburg

GUTSCHRIFT

| | |
|---|---|
| Gutschrift-Nummer: | GUR 001 |
| Datum: | 10. Juni 20.. |
| Kundennummer: | 05010 |
| Rechnungsnummer: | 07860 |
| Sachbearbeiter: | H. Münster |

Für die Rücksendung von einem defekten Sandkran schreiben wir Ihnen den vollen Rechnungsbetrag gut:

| Pos. | Artikel/Bezeichnung | Menge | Einzelpreis | Gesamtpreis |
|---|---|---|---|---|
| 4 | Sandkran | 1 | 451,00 Euro | 451,00 Euro |
| | | | | 451,00 Euro |
| | | | – 10 % Rabatt | 45,10 Euro |
| | | | Warenwert, netto | 405,90 Euro |
| | | | + Umsatzsteuer 19 % | 77,12 Euro |
| | | | Rechnungsbetrag/Gutschrift | 483,02 Euro |

Wir bitten das Versehen zu entschuldigen.

Bankverbindung: Mangfallbank Rosenheim • BLZ 711 280 60 • Kontonummer: 500200
Wendelstein-Spielgeräte • Inhaberin: K. Wendelstein, e. Kfr. • Sitz: 83026 Rosenheim • Handelsregister Rosenheim HRA 7682
USt-IdNr. DE129408000 • Steuer-Nr. 9156/204/20100

**Beleg 10:**

**Kontoauszug** Kontonummer: 500 200 Auszug: 36 **Mangfallbank Rosenheim**
IBAN DE72711280600000500200 Datum: 16. 07. 20.. Blatt: 01
BIC MAFBDEFF

| Vorgang/Buchungsinformation | Buchung | Wertstellung | Umsatz in Euro |
|---|---|---|---|
| _Gutschrift – Stadt Passau<br>Städt. Kindergarten I<br>Rechnung RE 0794 vom 15. 06. 20.. | 15. 07. | 15. 07. | 5.800,00 + |

Mangfallbank Rosenheim · D-83026 Rosenheim
Wendelstein-Spielgeräte
Katharina Wendelstein
Im Erlengrund 3
83026 Rosenheim

| | | |
|---|---|---|
| Zahlungseingänge | EUR | 5.800,00 + |
| Zahlungsausgänge | EUR | 0,00 – |
| Alter Kontostand | EUR | 13.176,00 + |
| Neuer Kontostand | EUR | 18.976,00 + |

Postanschrift: Mangfallbank Rosenheim 83026 Rosenheim
Direkt-Service: Tel.: 08031 180-60
Telefon-Banking: Tel.: 08031 180-70
Erreichbarkeit: 7x24 Stunden
Telefax: 08031 203020
E-Mail: info@mangfall-bank.xyz
Internet: http://www.mangfall-bank.xyz
Bankleitzahl 711 280 60

**Beleg 11:**

**LÖWEN**
**SPORTBÄLLE GmbH**
Sportweg 100 • 86152 Augsburg
Telefon: 0821 325550 • Fax: 0821 325568

LÖWEN

Löwen Sportbälle GmbH · Sportweg 100 · 86152 Augsburg

Wendelstein-Spielgeräte
Katharina Wendelstein
Im Erlengrund 3
83026 Rosenheim

**RECHNUNG**

| | |
|---|---|
| Rechnungsnummer: | 214030 |
| Datum: | 20. September 20.. |
| Lieferdatum: | 19. September 20.. |
| Kundennummer: | 509050 |
| Bestellung: | 12. September 20.. |
| Sachbearbeiter: | Frau Völler |

| Art.-Nr. | Menge | Bezeichnung | Einzelpreis | Gesamtpreis |
|---|---|---|---|---|
| 1 | 10 | Basketbälle | 20,00 Euro | 200,00 Euro |
| | | | | 200,00 Euro |
| | | | – 10 % Rabatt | 20,00 Euro |
| | | | Nettobetrag | 180,00 Euro |
| | | | + USt. 19 % | 34,20 Euro |
| | | | **Rechnungsbetrag** | **214,20 Euro** |

Zahlungsbedingungen: 10 Tage 2 % Skonto, 60 Tage rein netto.
Die Ware bleibt bis zur vollständigen Bezahlung unser Eigentum.
Bankverbindung: Genossenschaftsbank Augsburg • BLZ 720 530 15 • Kontonummer: 445010
Sitz der Gesellschaft: 86152 Augsburg • Handelsregister HRB Nr. 11528
Geschäftsführerin: Jutta Walter
USt-IdNr. DE147065680 • Steuer-Nr. 9156/190/42117

**Lösung 277**

Lösung 277 (Fortsetzung)

**Lösung 277 (Fortsetzung)**

S 8000 EBK H

S 0510 BGR H

S 0530 BVG H

S 0700 MA H

S 0840 FP H

S 0870 BA H

S 2400 FO H

S 2600 VORST H

S 2800 BK H

**Lösung 277 (Fortsetzung)**

S 2880 KA H

S 4250 LBKV H

S 4400 VE H

S 6000 AWR H

S 6011 BZKF H

S 6030 AWB H

S 6700 AWMP H

S 6800 BMK H

S 6820 PUK H

S 3000 EK H

S 3001 P H

S 4800 UST H

S 5000 UEFE H

S 6010 AWF H

S 6012 NF H

S 6080 AWHW H

S 8020 GUV H

**Lösung 277 (Fortsetzung)**

| S | 7030 KFZST | | H |
|---|---|---|---|
| | | | |
| | | | |

| S | 8010 SBK | | H |
|---|---|---|---|
| | | | |
| | | | |
| | | | |
| | | | |
| | | | |
| | | | |
| | | | |
| | | | |
| | | | |
| | | | |
| | | | |

## 9.3 Die Erfolgsermittlung

**Aufgabe 278**

Welche vier Informationen lassen sich aus dem nachfolgenden Eigenkapitalkonto ableiten?

| Soll | 3000 Eigenkapital | | Haben |
|---|---|---|---|
| 8020 GUV | 20.000,00 | 8000 EBK | 224.000,00 |
| 8010 SBK | 205.000,00 | 3001 P | 1.000,00 |
| | 225.000,00 | | 225.000,00 |

**Lösung 278**

**Aufgabe 279**

In einer Möbelfabrik ereigneten sich folgende Geschäftsfälle:

1. Eingangsrechnung Rohstoffe, netto 25.000,00 €
2. Banklastschrift: Stromrechnung, brutto 1.190,00 €
3. Ausgangsrechnung: Fertigerzeugnisse 36.000,00 €, netto
4. Bankgutschrift für verpachtetes Grundstück, netto 1.200,00 €
5. Abbuchung der Telefonrechnung 240,00 € + 19 % USt. vom Bankkonto
6. Zielverkauf von Handelswaren netto, 800,00 €

Benötigte Konten: 3000 EK (Anfangsbestand 250.000,00 €), 5000 UEFE, 5100 UEHW, 5400 EMP, 6000 AWR, 6030 AWB, 6820 PUK, 8020 GUV

- Eröffne das Konto Eigenkapital.
- Bilde die erforderlichen Buchungssätze für die Geschäftsfälle und trage die Buchungen in die angegebenen Erfolgskonten ein.
- Schließe die Konten über das Konto 8020 GUV ab und ermittle den Unternehmenserfolg.
- Wie lautet der Buchungssatz für die Übertragung des Erfolgs auf das Konto 3000 Eigenkapital?
- Schließe das Konto Eigenkapital ab.

**Lösung 279**

| S | 3000 EK | H |
|---|---|---|

| S | 5000 UEFE | H |
|---|---|---|

| S | 5100 UEHW | H |
|---|---|---|

| S | 5400 EMP | H |
|---|---|---|

| S | 6000 AWR | H |
|---|---|---|

| S | 6030 AWB | H |
|---|---|---|

| S | 6820 PUK | H |
|---|---|---|

| S | 8020 GUV | H |
|---|---|---|

**Aufgabe 280**

Ein Unternehmen ermittelt zum Jahresende folgende Werte für das Eigenkapital: AB 120.000,00 €, SB 95.000,00 €

1. Ermittle Art und Höhe des Jahreserfolgs.
2. Welche weitere Möglichkeit hat das Unternehmen, den Erfolg zu ermitteln?
3. Auf welcher Kontenseite steht in diesem Fall der Saldo im Konto GUV? Begründe deine Aussage.
4. Bilde die Buchung für die Übertragung des Unternehmenserfolgs auf das Konto Eigenkapital.
5. Die Summe der Aufwendungen betrug im Geschäftsjahr 215.000,00 €. Berechne die Summe der Erträge.

**Lösung 280**

**Aufgabe 281**

Der Unternehmenserfolg lässt sich über Vergleiche erzielen. Welche Aussagen sind richtig? Begründe deine Antwort.

1. Vergleich von Aktivkonten und Passivkonten
2. Vergleich von Anfangskapital und Schlusskapital
3. Vergleich von Fremdkapital und Eigenkapital
4. Vergleich von Aufwendungen und Erträgen
5. Vergleich von Angebot und Nachfrage

**Lösung 281**

**Aufgabe 282**

Handelt es sich in folgenden Fällen um einen Reingewinn oder Reinverlust? Stelle auch die Höhe fest.

| | | |
|---|---|---|
| 1. | Summe der Aufwendungen<br>Summe der Erträge | 455.000,00 €<br>340.000,00 € |
| 2. | Eigenkapitalanfangsbestand<br>Eigenkapitalschlussbestand | 1.654.000,00 €<br>1.775.000,00 € |
| 3. | Anfangskapital<br>Privatentnahmen<br>Reingewinn/Reinverlust<br>Endkapital | 2.550.000,00 €<br>150.000,00 €<br>????? €<br>3.000.000,00 € |
| 4. | Eigenkapital am 31. 12. 20..<br>Privateinlagen<br>Jahresüberschuss/Jahresfehlbetrag<br>Eigenkapital am 01. 01. 20.. | 1.850.000,00 €<br>150.000,00 €<br>????? €<br>2.120.000,00 € |

**Lösung 282**

**Lösung 282 (Fortsetzung)**

**Aufgabe 283**

Ordne folgende Begriffe und Beträge dem entsprechenden Buchstaben der Grafiken zu: Eigenkapitalanfangsbestand, Eigenkapitalschlussbestand, Reinverlust

260.000,00 €, 320.000,00 €, 60.000,00 €

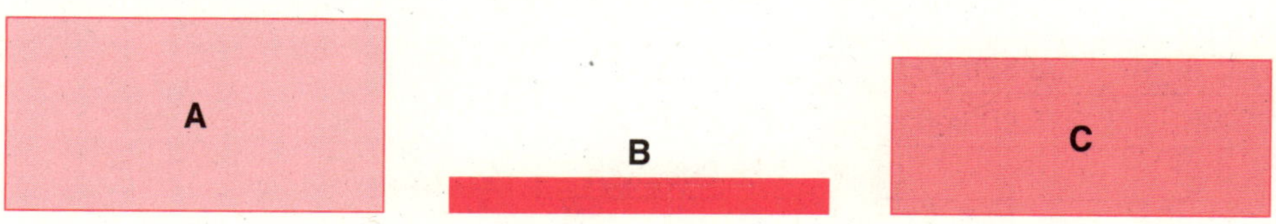


**Lösung 283**

**Aufgabe 284**

Führe die Erfolgsermittlung auf unterschiedliche Weise durch.

| S | 8020 GUV | | H |
|---|---|---|---|
| 6000 | 400.000,00 | 5000 | 680.000,00 |
| 6020 | 123.000,00 | 5100 | 250.000,00 |
| 6030 | 180.000,00 | 5710 | 20.000,00 |
| 6200 | 150.000,00 | | |
| 6700 | 40.000,00 | | |
| 6870 | 20.000,00 | | |
| 7030 | 12.000,00 | | |

| S | 3000 EK | | H |
|---|---|---|---|
| 8010 | 905.000,00 | 8000 | 880.000,00 |

**Lösung 284**

**Aufgabe 285**

Berechne die fehlenden Größen:

| | Summe d. Aufwendungen | Summe d. Erträge | EK-Anfangsbestand | EK-Schlussbestand |
|---|---|---|---|---|
| 1. | 120.000,00 € | 145.000,00 € | 160.000,00 € | ????? € |
| 2. | ????? € | 260.000,00 € | 108.320,00 € | 120.000,00 € |
| 3. | 630.000,00 € | ????? € | 235.000,00 € | 277.000,00 € |
| 4. | 420.000,00 € | 399.000,00 € | ????? € | 188.000,00 € |

**Lösung 285**

**Lösung 285 (Fortsetzung)**

## 9.4 Unterscheidung von Fachbegriffen Aufwand/Ausgabe – Ertrag/Einnahme

**Aufgabe 286**

Arbeitsauftrag: Bilde für jeden Geschäftsfall zuerst den Buchungssatz und entscheide dann, welche der vier Fachbegriffe zutreffend sind.

| | |
|---|---|
| 1. Privatentnahme aus der Kasse | 300,00 € |
| 2. Verkauf eines gebrauchten Lieferwagens auf Ziel | 4.500,00 € |
| 3. Eingangsrechnung für ein Werbeinserat, brutto | 238,00 € |
| 4. Verkauf von Handelswaren auf Ziel, brutto | 5.950,00 € |
| 5. Barkauf von Druckerpatronen, brutto | 119,00 € |
| 6. Begleichung einer Liefererschuld durch Banküberweisung | 11.900,00 € |
| 7. Zielverkauf von Fertigerzeugnissen, brutto | 7.140,00 € |
| 8. Ein Kunde begleicht seine Rechnung durch Banküberweisung | 7.140,00 € |

**Lösung 286**

**Aufgabe 287**

Im Unternehmen von Hans Glück ergeben sich folgende Geschäftsfälle.
Überprüfe, welche der nachfolgenden Kombinationen jeweils auf die Geschäftsfälle 1 bis 7 zutreffen:

Einnahme und Ertrag,
Einnahme, kein Ertrag,
Ausgabe und Aufwand,
Ausgabe, kein Aufwand.

| | |
|---|---|
| 1. Kauf einer Bohrmaschine auf Ziel, brutto | 952,00 € |
| 2. Zielverkauf von Handelswaren, brutto | 7.140,00 € |
| 3. Zieleinkauf von Hilfsstoffen, brutto | 2.975,00 € |
| 4. Kauf einer Fabrikhalle auf Ziel | 140.000,00 € |
| 5. Eingangsrechnung für Handelswaren, brutto | 5.950,00 € |
| 6. Barverkauf eines gebrauchten Kopiergerätes, brutto | 238,00 € |
| 7. Begleichung einer Liefererverbindlichkeit gegen Banküberweisung | 4.785,00 € |

**Lösung 287**

**Aufgabe 288**

Bilde die Buchungssätze für die Kontoeinträge 1 bis 4 und ordne zu jedem Buchungssatz den bzw. die zutreffenden Begriff/e zu: Aufwand/Ertrag/Ausgabe/Einnahme

| Soll | | 2800 BK | Haben |
|---|---|---|---|
| 1. 2400 | 10.000,00 | 3. 6870, 2600 | 1.100,00 |
| 2. 5400, 4800 | 34.500,00 | 4. 0700, 2600 | 30.000,00 |

**Lösung 288**

## 9.5 Einsatz eines Finanzbuchhaltungsprogramms im Unternehmen

### Aufgabe 289

Im Menüpunkt **„Auswertungen“** können sofort nach der Eingabe der Buchungssätze verschiedene Übersichten erstellt und ausgegeben werden.

Im Journal werden die Buchungen in zeitlicher Reihenfolge (= chronologisch) erfasst.

1. Welche Informationen kannst du dem Buchungsjournal entnehmen?
2. Welche Buchungen sind hier erfasst?
3. Die Buchungen am Jahresende fehlen hier noch. Um welche Buchungen handelt es sich dabei?
4. Welche Aufgaben erfüllt das Journal für Hans Glück?
5. Wer hat neben Hans Glück noch ein Interesse an dieser Übersicht? Gib Gründe dafür an!

### Lösung 289

### Aufgabe 290

1. Vergleiche Buchungsjournal und Kontoblatt und zähle Unterschiede auf!
2. Welche zusätzlichen Informationen kann man dem Kontoblatt entnehmen?

### Lösung 290

**Aufgabe 291**

1. Vergleiche Buchungsjournal und Saldenliste und stelle Unterschiede fest!
2. Beschreibe die Informationen, die in der Zeile mit der Kontonummer 2800 enthalten sind!
3. Welche Aufgabe erfüllt diese Übersicht für Hans Glück?

**Lösung 291**

**Aufgabe 292**

1. Informiere dich über den Bilanzaufbau im Info-Teil von WINLine.
2. Welche Aufgaben haben Bilanzgliederungszahlen?
3. Hans Glück vergleicht die vorliegende Bilanz mit einer früheren Bilanz. Er stellt fest, dass in der früheren Bilanz der Anteil des Eigenkapitals bei 55 % lag. Suche mögliche Gründe für den Unterschied.

**Lösung 292**

**Aufgabe 293**

Das Einführungsbeispiel hat bei den Aufwendungen und bei den Erträgen jeweils nur einen Eintrag.

1. Welche Informationen kann Hans Glück aus dieser Übersicht gewinnen, wenn er die in der letzten Spalte aufgeführten Prozentsätze genauer betrachtet und Vergleiche mit anderen Monaten bzw. Geschäftsjahren anstellt?
2. Wie lautet der Buchungssatz für die Buchung des Gewinns von 300,00 €?
3. Wie hoch ist nun das neue Eigenkapital?

**Lösung 293**

**Aufgabe 294**

| | |
|---|---|
| **Triff die richtige Entscheidung!** | |
| In den nachfolgenden Beispielen werden deine Kenntnisse zur FIBU getestet. Überlege genau, ob die folgenden Aussagen richtig (r) oder falsch (f) sind und berichtige die falschen Aussagen. | |
| 1. | Die gespeicherten Daten in einem FIBU-Programm müssen jederzeit lesbar gemacht werden können. |
| 2. | Zu den Daten des Mandantenstamms zählt man z. B. die Lieferantenadressen. |
| 3. | In der Vorkontierungsliste werden die Geschäftsfälle z. B. nach Eingangs- und Ausgangsbelegen unterschieden. |
| 4. | Das Grundbuch zeichnet die Daten der Buchführung nach sachlichen Gesichtspunkten auf. |
| 5. | In der Vorkontierungsliste werden Umsatzsteuer/Vorsteuer gesondert ausgewiesen. |
| 6. | Die Rechnung eines Lieferanten zählt man zu den Sachbuchungen (Belegart = B). |
| 7. | Kontenplan und Bankverbindungen werden zu den Bewegungsdaten gezählt. |
| 8. | Bei der Dialogbuchung werden die Buchungen sofort nach der Eingabe auf die jeweiligen Konten übertragen. |
| 9. | Eine fehlerhafte Buchung wird storniert, indem man den Buchungssatz noch einmal mit negativen Vorzeichen eingibt. |
| 10. | Alle Buchführungsunterlagen sind mindestens 5 Jahre geordnet aufzubewahren. |

**Lösung 294**

**Lösung 294 (Fortsetzung)**

## 9.6 Beleggeschäftsgang mit dem Finanzbuchhaltungsprogramm WINLine

### Aufgabe 295

Die Konten der Firma Hans Glück, Rachelstr. 6–8, 93059 Regensburg (Bankverbindung: A-Bank Regensburg, Kto.-Nr. 500 306, BLZ 705 950 00) weisen Anfang Dezember 20.. die nachfolgenden Salden aus.

Hinweis:

Aus Gründen der Vereinfachung werden in diesem Beleggeschäftsgang keine Debitoren (= Kundenkonten; Buchungsarten DF, DZ) und Kreditoren (= Liefererkonten; Buchungsart KF, KZ) geführt.

| Konten | Soll (€) | Haben (€) |
|---|---|---|
| 0510 BGR | 240.000,00 | |
| 0530 BVG | 640.000,00 | |
| 0700 MA | 540.000,00 | |
| 0840 FP | 180.000,00 | |
| 0860 BM | 84.400,00 | |
| 0870 BA | 65.400,00 | |
| 2400 FO | 98.600,00 | |
| 2600 VORST | 39.200,00 | |
| 2800 BK | 57.842,00 | |
| 2880 KA | 12.420,00 | |
| 3000 EK | | 1.250.000,00 |
| 3001 P | 22.400,00 | |
| 4200 KBKV | | 120.000,00 |
| 4250 LBKV | | 173.114,00 |
| 4400 VE | | 89.200,00 |
| 4800 UST | | 60.320,00 |
| 5000 UEFE | | 449.600,00 |
| 5001 EBFE | 5.400,00 | |
| 5100 UEHW | | 31.900,00 |
| 5400 EMP | | 2.000,00 |
| 6000 AWR | 142.000,00 | |
| 6001 BZKR | 2.800,00 | |
| 6002 NR | | 3.200,00 |
| 6010 AWF | 5.850,00 | |
| 6020 AWH | 7.920,00 | |
| 6030 AWB | 12.320,00 | |
| 6140 AFR | 5.780,00 | |
| 6700 AWMP | 4.250,00 | |
| 6710 LS | 3.780,00 | |
| 6770 RBK | 2.100,00 | |
| 6800 BMK | 842,00 | |
| 6820 PUK | 780,00 | |
| 6870 WER | 2.400,00 | |
| 7000 GWST | 2.850,00 | |
| | 2.179.334,00 | 2.179.334,00 |

**Arbeitsanweisungen:**

1. Die Salden der nebenstehenden Konten sind über das Hilfs- bzw. Gegenkonto „9001 Saldovortrag Sachkonten“ (WINLine) zu buchen. Beachte dabei, dass Nettobeträge (N) gebucht werden!
2. Bilde die Buchungssätze zu den nachfolgenden Belegen **1–16**.
3. Erstelle das entsprechende Vorkontierungsblatt.
4. Buche die Geschäftsfälle mit WINLine.
5. Drucke folgende Übersichten aus: Buchungsjournal, Bilanz, Gewinn- und Verlustrechnung.
6. Im Vorjahr ergab sich zum gleichen Zeitpunkt ein Gewinn von 75.300,00 €! Worauf könnte der Unterschied zurückgeführt werden?
7. Der Beleg Nr. 5 ist genauer auszuwerten. Die gekennzeichneten Stellen sind zu erläutern.
8. Am Ende des Monats Dezember ergibt sich auf dem Bankkonto ein Habensaldo von knapp 100.000,00 €. Warum legt Hans Glück nicht einen Teil dieses Geldes an?
9. Formuliere einen Geschäftsfall für die Eintragung auf dem Konto „3001 P“.
10. Unterscheide mit jeweils einem Beispiel „Hilfsstoffe“ und „Fremdbauteile“.
11. Bilde die Buchungssätze für den Abschluss der Unterkonten.
12. Welche Nebenkosten können beim Bezug von Stoffen anfallen?
13. Erstelle das Konto „5000 UEFE“ unter Berücksichtigung der Belege 1–16, schließe das Konto ab und bilde den Abschlussbuchungssatz.
14. Ermittle rechnerisch die Zahllast und bilde den Buchungssatz für die Banküberweisung.

## Beleg 1

Kontoauszug | Kontonummer: 500 306 | Auszug: 01 | A-Bank Regensburg
IBAN DE72750950000000500306 | Datum: 02. 12. 20.. | Blatt: 01
BIC ABNKDEFF

| Vorgang/Buchungsinformation | Buchung | Wertstellung | Umsatz in Euro |
|---|---|---|---|
| Lastschrift – Leasingrate für Lkw | 01. 12. | 01. 12. | 357,00 – |

A-Bank Regensburg · D-93059 Regensburg

Fa.
Hans Glück
Rachelstraße 6–8
93059 Regensburg

| | | |
|---|---|---|
| Alter Kontostand | EUR | 57.842,00 + |
| Neuer Kontostand | EUR | 57.485,00 + |

Postanschrift: A-Bank Regensburg, 93059 Regensburg
Direkt-Service: Tel.: 0180 304060 · Telefon-Banking: Tel.: 0180 304070 · Erreichbarkeit: 7x24 Stunden
Telefax: 0941 516947 · E-Mail: info@a-bank.xyz · Internet: http://www.a-bank.xyz
Bankleitzahl 750 950 00

## Beleg 2

Kontoauszug | Kontonummer: 500 306 | Auszug: 02 | A-Bank Regensburg
IBAN DE72750950000000500306 | Datum: 03. 12. 20.. | Blatt: 01
BIC ABNKDEFF

| Vorgang/Buchungsinformation | Buchung | Wertstellung | Umsatz in Euro |
|---|---|---|---|
| Lastschrift – Dezembermiete | 03. 12. | 03. 12. | 952,00 – |

A-Bank Regensburg · D-93059 Regensburg

Fa.
Hans Glück
Rachelstraße 6–8
93059 Regensburg

| | | |
|---|---|---|
| Alter Kontostand | EUR | 57.485,00 + |
| Neuer Kontostand | EUR | 56.533,00 + |

Postanschrift: A-Bank Regensburg, 93059 Regensburg
Direkt-Service: Tel.: 0180 304060 · Telefon-Banking: Tel.: 0180 304070 · Erreichbarkeit: 7x24 Stunden
Telefax: 0941 516947 · E-Mail: info@a-bank.xyz · Internet: http://www.a-bank.xyz
Bankleitzahl 750 950 00

## Beleg 3

**Rechtsanwaltskanzlei Klaus Klug**

**Waaggasse 1 · 92421 Schwandorf**
**Telefon: 09431 3880 · Fax: 09431 3890 · E-Mail: klug@x-online.xyz**

Rechtsanwaltskanzlei Klaus Klug · Waaggasse 1 · 92421 Schwandorf

Firma
Hans Glück
Rachelstraße 6–8
93059 Regensburg

Schwandorf, 04. Dezember 20..

**Rechnung** (Nr. 2015 vom 04. Dezember 20..)

| | |
|---|---|
| Honorar für Vertretung im Verfahren Glück vs. Koller vor dem Amtsgericht Schwandorf | 2.200,00 Euro |
| + 19 % Umsatzsteuer | 418,00 Euro |
| Gesamtbetrag | 2.618,00 Euro |

Die Leistung wurde erbracht am 01. Dezember 20..

Zahlbar ohne Abzug innerhalb von 30 Tagen.
Bankverbindung: Naabbank Schwandorf · BLZ 750 218 00 · Kontonummer: 950850
USt-IdNr. DE273857489 · Steuer-Nr. 9248/275/11223

## Beleg 4

Kontoauszug | Kontonummer: 500 306 | Auszug: 03 | A-Bank Regensburg
IBAN DE72750950000000500306 | Datum: 08. 12. 20.. | Blatt: 01
BIC ABNKDEFF

| Vorgang/Buchungsinformation | Buchung | Wertstellung | Umsatz in Euro |
|---|---|---|---|
| _Gutschrift – Garagenmiete | 08. 12. | 08. 12. | 1.440,00 + |
| _Gutschrift über Klinikeinrichtung Klinik Dr. Maier, München (Rechnung vom 20. 11. 20..) | 08. 12. | 08. 12. | 54.740,00 + |

A-Bank Regensburg · D-93059 Regensburg

Fa.
Hans Glück
Rachelstraße 6–8
93059 Regensburg

| | | |
|---|---|---|
| Alter Kontostand | EUR | 56.533,00 + |
| Neuer Kontostand | EUR | 112.713,00 + |

Postanschrift: A-Bank Regensburg, 93059 Regensburg
Direkt-Service: Tel.: 0180 304060 · Telefon-Banking: Tel.: 0180 304070 · Erreichbarkeit: 7x24 Stunden
Telefax: 0941 516947 · E-Mail: info@a-bank.xyz · Internet: http://www.a-bank.xyz
Bankleitzahl 750 950 00

## Beleg 5

**Möbelfabrik Hans Glück**

Rachelstraße 6–8 · 93059 Regensburg
Telefon: 0941 150250 · Fax: 0941 150260
E-Mail: service@glueck.xyz
Internet: http://www.hans-glueck.xyz

FSC- und PEFC-zertifiziert

Hans Glück · Rachelstraße 6–8 · 93059 Regensburg

Stadtverwaltung Schwandorf
Rathausstr. 1
92421 Schwandorf

RECHNUNG NR. 00112

Lieferdatum: 12. Dezember 20..

Auf Grund Ihrer Bestellung vom 12. November 20.. lieferten wir Ihnen **„Frei Haus"**:

| Pos. | Artikel/Bezeichnung | Menge | Einzelpreis EUR | Gesamtpreis EUR |
|---|---|---|---|---|
| 1 | Büroschränke, Art.-Nr. 07755 | 20 | 480,00 | 9.600,00 |
| 2 | Regale (Typ „Standard") | 12 | 250,00 | 3.000,00 |
| 3 | Schreibtische | 20 | 245,00 | 6.900,00 |
| | | | Warenwert | 19.500,00 |
| | | | – 10 % Rabatt | 1.950,00 |
| | | | Summe, netto | 17.550,00 |
| | | | + 19 % Umsatzsteuer | 3.334,50 |
| | | | **Rechnungsbetrag** | **20.884,50** |

Wir danken für Ihren Auftrag.

**Zahlungsbedingungen: Zahlbar innerhalb von 30 Tagen rein netto.**
Die gelieferte Ware bleibt bis zur vollständigen Bezahlung unser Eigentum.
Bankverbindung: A-Bank Regensburg · BLZ 750 950 00 · Kontonummer: 500306
Hans Glück, e. Kfm. · Amtsgericht Regensburg HRA 4999
USt-IdNr. DE298145299 · Steuer-Nr. 9244/211/50550

## Beleg 6

**Stadt Regensburg Finanzkasse**
Gewerbesteuernummer: R-G221/6410
(Bitte bei Rückfragen angeben)

93047 Regensburg
Dr.-Martin-Luther-Str. 2
Telefon: 0941 2000
Telefax: 0941 20010

B03-001620

Fa. Hans Glück
Rachelstraße 6–8
93059 Regensburg

Regensburg, 10. Dezember 20..

**Bescheid über Gewerbesteuerzahlung 20..**
**Festsetzung**

Die **Gewerbesteuerzahlung** wird für das Unternehmen Hans Glück Regensburg/Steuernummer R-G221/6410 festgesetzt:

Für die Zeit vom 01. Oktober 20.. bis 31. Dezember 20.. **350,00 Euro**

Erläuterungen und Rechtsbehelfsbelehrung siehe Rückseite!

## Kontoauszug zu Beleg 6

Kontoauszug | Kontonummer: 500 306 | Auszug: 04 | A-Bank Regensburg
IBAN DE72750950000000500306 | Datum: 11. 12. 20.. | Blatt: 01
BIC ABNKDEFF

| Vorgang/Buchungsinformation | Buchung | Wertstellung | Umsatz in Euro |
|---|---|---|---|
| Gewerbesteuer R-G221/6410 | 11. 12. | 11. 12. | 350,00 – |

A-Bank Regensburg · D-93059 Regensburg

Fa.
Hans Glück
Rachelstraße 6–8
93059 Regensburg

| | | |
|---|---|---|
| Alter Kontostand | EUR | 112.713,00 + |
| Neuer Kontostand | EUR | 112.363,00 + |

Postanschrift: A-Bank Regensburg, 93059 Regensburg
Direkt-Service: Tel.: 0180 304060 · Telefon-Banking: Tel.: 0180 304070 · Erreichbarkeit: 7x24 Stunden
Telefax: 0941 516947 · E-Mail: info@a-bank.xyz · Internet: http://www.a-bank.xyz
Bankleitzahl 750 950 00

## Beleg 7

**NATURFARBEN GMBH**
Farbenstraße 1 • 93047 Regensburg

Naturfarben GmbH • Farbenstraße 1 • 93047 Regensburg

Fa. Hans Glück
Rachelstraße 6–8
93059 Regensburg

Regensburg, 12. Dezember 20..
Lieferdatum: 12. Dezember 20..

RECHNUNG NR. 0987/W12

| Artikel | Menge | Einzelpreis EUR/kg | Gesamtpreis |
|---|---|---|---|
| Naturholzlack, klar Nr. 015 | 200 kg | 7,50 Euro | 1.500,00 Euro |
| Naturholzlasur, klar Nr. 306 | 25 kg | 12,50 Euro | 312,50 Euro |
| | | Gesamt | 1.812,50 Euro |
| | | – 20 % Rabatt | 362,50 Euro |
| | | Summe, netto | 1.450,00 Euro |
| | | + 19 % USt. | 275,50 Euro |
| | | **Rechnungsbetrag** | **1.725,50 Euro** |

Vielen Dank für Ihren Auftrag.

Zahlbar: Innerhalb von 30 Tagen ohne jeden Abzug.
Bankverbindung: Sparbank Regensburg • BLZ 750 500 00 • Kontonummer: 159157
Firmensitz: 93047 Regensburg • Registergericht Regensburg HRB 4721
Geschäftsführer: Stefan Herzog • USt-IdNr. DE129208000 • Steuer-Nr. 9244/165/01347

## Beleg 8

**RWI Wärmeservice GmbH**
Benzstraße 4 • 93051 Regensburg
Telefon: 0941 146230 • Telefax: 0941 147020
E-Mail: service@rwi.xyz

RWI Wärmeservice GmbH • Benzstraße 4 • 93051 Regensburg

Firma
Hans Glück
Rachelstraße 6–8
93059 Regensburg

**RECHNUNG**
Rechnungsnummer: 441511
Kundennummer: 1256
Auftragsnummer: 0065648
Auftragsdatum: 04. Dezember 20..
Lieferdatum: 13. Dezember 20..
Sachbearbeiter: Fr. Schnell

Regensburg, 13. Dezember 20..

| Pos. | Artikel/Bezeichnung | Schüttraummeter | Einzelpreis (EURO) | Gesamtpreis (EURO) |
|---|---|---|---|---|
| 1 | Hackschnitzel Wassergehalt 20 % | 20 | 143,60 | 2.872,00 |
| | | | Gesamt | 2.872,00 |
| | | | + 19 % USt. | 545,68 |
| | | | Rechnungsbetrag | 3.417,68 |

Vielen Dank für Ihren Auftrag!

Lieferung: Ab Lager, unbeladen. · Zahlbar ohne Abzug innerhalb 30 Tagen.
Bankverbindung: Sparbank Regensburg · BLZ 750 500 00 · Kontonummer: 66065060
Firmensitz: 93051 Regensburg · Geschäftsführer: Dr. Hugo Gros · Handelsregister Regensburg HRB 9260
USt-IdNr. DE129405000 · Steuer-Nr. 9244/120/17316

## Beleg 9

**HARMESTRANSPORTE**
Hafenstraße 32 • 93047 Regensburg

HARMESTRANSPORTE • Hafenstraße 32 • 93047 Regensburg

Firma
Hans Glück
Rachelstraße 6–8
93059 Regensburg

**QUITTUNG** Nr. 4726 vom 13. Dezember 20..
Leistungsdatum: 13. Dezember 20..

| | |
|---|---|
| Transportkosten für Hackschnitzellieferung; Ingolstadt–Regensburg | 110,00 Euro |
| Nettobetrag | 110,00 Euro |
| + 19 % Umsatzsteuer | 20,90 Euro |
| Bruttobetrag | 130,90 Euro |

Regensburg, 13. Dezember 20..
J. Huf
J. Huf

Steuer-Nr. 1611/231/14115

## Beleg 10

**Fa. E. Schraube e. K.**
Eisenstraße 34 • 93051 Regensburg
Telefon: 0941 12345 • Fax: 0941 123451
E-Mail: schraube@x-online.xyz

Fa. E. Schraube e. K. • Eisenstraße. 34 • 93051 Regensburg

Firma
Hans Glück
Rachelstraße 6–8
93059 Regensburg

Regensburg, 13. Dezember 20..

**RECHNUNG** – Nr. 23456 vom 13. Dezember 20..
Lieferdatum: 12. Dezember 20..

| | |
|---|---|
| 50 Pck. Spezialschrauben S 04050 V – verzinkt | 1.200,00 Euro |
| – Rabatt 25 % | 300,00 Euro |
| Warenwert, netto | 900,00 Euro |
| + 19 % Umsatzsteuer | 171,00 Euro |
| Rechnungsbetrag | 1.071,00 Euro |

Zahlungsbedingungen: Sofort rein netto.
Die Lieferung erfolgt gemäß unseren Geschäftsbedingungen.
Bankverbindung: Stadtbank • BLZ 740 832 78 • Kontonummer: 4466
Amtsgericht Regensburg HRA 1204 • USt-IdNr. DE129409000 • Steuer-Nr. 9244/203/30190

## Beleg 11

**Kontoauszug** Kontonummer: 500 306 Auszug: 05 **A-Bank Regensburg**
IBAN DE72750950000000500306 Datum: 14. 12. 20.. Blatt: 01
BIC ABNKDEFF

| Vorgang/Buchungsinformation | Buchung | Wertstellung | Umsatz in Euro |
|---|---|---|---|
| FA E. Schraube | 14. 12. | 14. 12. | 1.071,00 – |

A-Bank Regensburg · D-93059 Regensburg

Möbelfabrik
Hans Glück
Rachelstraße 6–8
93059 Regensburg

| | | |
|---|---|---|
| Alter Kontostand | EUR | 112.363,00 + |
| Neuer Kontostand | EUR | 111.292,00 + |

Postanschrift: A-Bank Regensburg, 93059 Regensburg
Direkt-Service: Tel.: 0180 304060 · Telefon-Banking: Tel.: 0180 304070 · Erreichbarkeit: 7x24 Stunden
Telefax: 0941 516947 · E-Mail: info@a-bank.xyz · Internet: http://www.a-bank.xyz
Bankleitzahl 750 950 00

## Beleg 12

**SÄGEWERK M. KRAML GmbH**
An der Deutenhofkapelle 16 • 93077 Bad Abbach
Telefon: 09405 3450 • Telefax: 09405 34501
FSC- und PEFC-zertifiziert
KRAML

SÄGEWERK M. KRAML GmbH • An der Deutenhofkapelle 16 • 93077 Bad Abbach

Firma
Hans Glück
Rachelstraße 6–8
93059 Regensburg

**RECHNUNG**
Kunden-Nr.: W025
Rechnungs-Nr.: 75900
Lieferdatum: 13. Dezember 20..
Auftrags-Nr.: 00801
Auftragsdatum: 08. Dezember 20..

**RECHNUNG**

Bad Abbach, den 13. Dezember 20..

Wir lieferten am 12. Dezember 20.. frei Haus:

| Pos. | Artikel-Nr. | Bezeichnung | Menge | Einzelpreis | Gesamtpreis |
|---|---|---|---|---|---|
| 1 | 1000 | Lärchenholz | 200 m³ | 63,00 Euro | 12.600,00 Euro |
| | | | | Gesamt | 12.600,00 Euro |
| | | | | + 19 % Umsatzsteuer | 2.394,00 Euro |
| | | | | Rechnungsbetrag | 14.994,00 Euro |

Vielen Dank für Ihren Auftrag.

Zahlbar ohne Abzug innerhalb 30 Tagen.
Bankverbindung: R-Bank Bad Abbach • BLZ 756 760 10 • Kontonummer: 223344
Firmensitz: 93077 Bad Abbach/Lengfeld • Handelsregister Kelheim HRB 1075 • Geschäftsführer: Wolfgang Scheiner
USt-IdNr. DE139408000 • Steuer-Nr. 9126/154/18255

## Beleg 13

**Kostner Kommunikation und Technik**
Spitzwegstraße 4 • 93051 Regensburg
Telefon: 0941 99486 • Fax: 0941 994801 • E-Mail: KomTec@a-online.xyz

Kostner Kommunikation und Technik • Spitzwegstraße 4 • 93051 Regensburg

Firma
Hans Glück
Rachelstraße 6–8
93059 Regensburg

Regensburg, 14. Dezember 20..

**RECHNUNG** – Nr. 23456 vom 14. Dezember 20..
Lieferung am: 12. Dezember 20..

| | |
|---|---|
| 1 EDV-Anlage | 10.000,00 € |
| 1 Software + Installation + Einweisung | 1.900,00 € |
| Warenwert, netto | 11.900,00 € |
| + 19 % Umsatzsteuer | 2.261,00 € |
| **Rechnungsbetrag** | **14.161,00 €** |

Zahlbar ohne Abzug innerhalb von 30 Tagen.
Firmensitz: 93059 Regensburg • Handelsregister Regensburg Nr. HRA 9512
Bankverbindung: Donaubank • BLZ 750 981 60 • Kontonummer: 156157
USt-IdNr. DE127408333 • St.-Nr. 9244/221/31211 • Karl Kostner, e. Kfm.

## Beleg 14

SÄGEWERK M. **KRAML** GmbH

An der Deutenhofkapelle 16 • 93077 Bad Abbach
Telefon: 09405 3450 • Telefax: 09405 34501

FSC- und PEFC-zertifiziert

SÄGEWERK M. KRAML GmbH • An der Deutenhofkapelle 16 • 93077 Bad Abbach

Firma
Hans Glück
Rachelstraße 6–8
93059 Regensburg

**GUTSCHRIFT** Nr. K0012 — Bad Abbach, den 14. Dezember 20..

| Ihr Zeichen/Ihre Nachricht vom | Unser Zeichen/Unsere Nachricht vom | | Telefon |
|---|---|---|---|
| WS | SK/Hu | 10. Dezember 20.. | 09405 3450 |

Sehr geehrter Herr Glück,

heute dürfen wir Ihnen eine erfreuliche Mitteilung machen:

Sie erhalten auf alle bisherigen Umsätze von Holzprodukten eine Umsatzrückvergütung von 5 Prozent in Form eines Gutschriftbetrages (Bonus) in Höhe von **1.547,00 Euro** (darin sind 247,00 Euro Umsatzsteuer enthalten).

Wir bedanken uns für die stets gute Zusammenarbeit und wünschen Ihnen und Ihren Mitarbeitern für das Neue Jahr alles Gute.

Mit freundlichen Grüßen

*M. Kraml*

M. Kraml

Bankverbindung: R-Bank Bad Abbach • BLZ 756 760 10 • Kontonummer: 223344
Firmensitz: 93077 Bad Abbach/Lengfeld • Handelsregister Kelheim HRB 1075 • Geschäftsführer: Wolfgang Scheiner
USt-IdNr. DE139408000 • Steuer-Nr. 9126/154/18255

## Kontoauszug zu Beleg 14

**Kontoauszug** — Kontonummer: 500 306 — Auszug: 06 — **A-Bank Regensburg**
IBAN DE72750950000000500306 — Datum: 15. 12. 20.. — Blatt: 01
BIC ABNKDEFF

| Vorgang/Buchungsinformation | Buchung | Wertstellung | Umsatz in Euro |
|---|---|---|---|
| Sägewerk M. Kraml Gutschrift | 15. 12. | 15. 12. | 1.547,00 + |

A-Bank Regensburg · D-93059 Regensburg

Fa.
Hans Glück
Rachelstraße 6–8
93059 Regensburg

| | | |
|---|---|---|
| Alter Kontostand | EUR | 111.292,00 + |
| Neuer Kontostand | EUR | 112.839,00 + |

Postanschrift: A-Bank Regensburg, 93059 Regensburg
Direkt-Service: Tel.: 0180 304060 — Telefax: 0941 516947
Telefon-Banking: Tel.: 0180 304070 — E-Mail: info@a-bank.xyz
Erreichbarkeit: 7x24 Stunden — Internet: http://www.a-bank.xyz
Bankleitzahl 750 950 00

## Beleg 15

**MediaExpert GmbH**

Lichtweg 1a • 80133 München
Telefon: 089 3010-0 • Fax: 089 3010-22 • E-Mail: medialux@a-online.xyz
Internet: http://www.medialux.xyz

MediaExpert GmbH • Lichtweg 1a • 80133 München

Firma
Hans Glück
Rachelstraße 6–8
93059 Regensburg

München, 16. Dezember 20..

**RECHNUNG Nr.** 1266 — Lieferdatum: 13. Dezember 20..

| | |
|---|---|
| Medialux „Beamer ML 250“ | 3.450,00 Euro |
| Gesamtbetrag, netto | 3.450,00 Euro |
| + 19 % Umsatzsteuer | 655,50 Euro |
| Rechnungsbetrag | 4.105,50 Euro |

Zahlbar ohne Abzug innerhalb von 30 Tagen.
Bankhaus München • BLZ 710 100 10 • Kontonummer 543654 • USt-IdNr. DE319000408 • St.-Nr. 9147/197/12366
Geschäftsführerin: Simone Kress • HRB München 43216

## Beleg 16

**Kontoauszug** — Kontonummer: 500 306 — Auszug: 06 — **A-Bank Regensburg**
IBAN DE72750950000000500306 — Datum: 21. 12. 20.. — Blatt: 01
BIC ABNKDEFF

| Vorgang/Buchungsinformation | Buchung | Wertstellung | Umsatz in Euro |
|---|---|---|---|
| _RA Klug, R. v. 4. Dez. Nr. 2015 | 18. 12. | 18. 12. | 2.618,00 – |
| _Stadt Schwandorf, R. v. 12. Dez. Nr. 00112 | 19. 12. | 19. 12. | 20.466,81 + |
| _Naturfarben, R. v. 12. Dez. R.-Nr. 0987/W12 | 20. 12. | 20. 12. | 1.725,00 – |
| _RWI, R. v. 13. Dez. R.-Nr. 441511 | 20. 12. | 20. 12. | 1.309,00 – |
| _Sägewerk M. Kraml, R. v. 13. Dez., R.-Nr. 75900 | 20. 12. | 20. 12. | 14.994,00 – |
| _Kostner, R. v. 14. Dez. R.-Nr. 23456 | 20. 12. | 20. 12. | 14.161,71 – |

A-Bank Regensburg · D-93059 Regensburg

Fa.
Hans Glück
Rachelstraße 6–8
93059 Regensburg

| | | |
|---|---|---|
| Alter Kontostand | EUR | 112.839,00 + |
| Neuer Kontostand | EUR | 98.498,10 + |

Postanschrift: A-Bank Regensburg, 93059 Regensburg
Direkt-Service: Tel.: 0180 304060 — Telefax: 0941 516947
Telefon-Banking: Tel.: 0180 304070 — E-Mail: info@a-bank.xyz
Erreichbarkeit: 7x24 Stunden — Internet: http://www.a-bank.xyz
Bankleitzahl 750 950 00

## Lösung 295

Lösung 295 (Fortsetzung)

Lösung 295 (Fortsetzung)

# 40-Minuten-Test

Das Unternehmen ***Christiane Liebler*** in Lohr am Main stellt seit über 100 Jahren hochwertige Kindermöbel aus heimischen Hölzern her. Darüber hinaus bietet das Unternehmen Kinderwägen und Kindersitze als Handelswaren an. Das Unternehmen legt großen Wert auf ökologisch unbedenkliche Produkte und auf eine möglichst umweltgerechte Produktion.

Informationen zum Unternehmen:

| | |
|---|---|
| **Inhaberin** | Christiane Liebler e. Kfr. |
| **Rechtsform** | Einzelunternehmen |
| **Anschrift (Firmensitz)** | Gemündener Straße 123, 97816 Lohr |
| **Unternehmenszweck** | Herstellung von Kindermöbeln |
| **Handelsregister** | Registergericht Würzburg HRA 2010 |
| **Mitarbeiterzahl** | 160 Mitarbeiter (40 Angestellte, 120 Arbeiter) |
| **Absatzgebiete** | Deutschland, Frankreich, Belgien, Niederlande |
| **Werkstoffe, Handelswaren** | |
| **Rohstoffe** | Hölzer verschiedener heimischer Baumarten |
| **Fremdbauteile** | Motoren für Wiegen, Matratzen |
| **Hilfsstoffe** | Schrauben, Leim, Wachse, Naturfarben, ... |
| **Betriebsstoffe** | Strom, Gas, Wasser, Schmierstoffe, ... |
| **Handelswaren** | Kinderwagen, Kindersitze |

Als Mitarbeiterin/Mitarbeiter in der Abteilung Rechnungswesen hast du folgende Arbeitsaufträge zu erledigen:

## 1. Bilde die Buchungssätze für folgende Geschäftsfälle (USt. 19 %):

| | | |
|---|---|---|
| 1.1 | Zielkauf von Schrauben, netto<br>zuzüglich Verpackung, netto | 2.600,00 €<br>80,00 € |
| 1.2 | Barzahlung der Eingangsfracht für die gelieferten Schrauben, brutto | 47,60 € |
| 1.3 | Gutschrift vom Lieferer für Verpackung (siehe Fall 1.1), 30 % | ????? € |
| 1.4 | Banklastschrift:<br>Werbeanzeige in der Lokalzeitung, brutto<br>Gewerbesteuer<br>Druckerpatronen, brutto<br>Telefon-Rechnung, brutto<br>Honorar für Steuerberater, brutto<br>Leasingrate für Fertigungsmaschine, brutto | <br>476,00 €<br>1.200,00 €<br>53,55 €<br>660,45 €<br>1.594,60 €<br>2.975,00 € |
| 1.5 | Ausgangsrechnung für 5 Wiegen, Listenverkaufspreis je Wiege, netto<br>abzüglich 20 % Rabatt | 350,00 € |
| 1.6 | Barzahlung der Speditionskosten für die Auslieferung<br>der Wiegen, netto | <br>80,00 € |
| 1.7 | Firma Liebler stellt dem Kunden (siehe Nr. 1.6)<br>die Speditionskosten in Rechnung | <br>????? € |
| 1.8 | Banküberweisung des Betrags für den Schullandheimaufenthalt<br>der Tochter der Unternehmerin | <br>190,00 € |
| 1.9 | Eine Kaufhauskette erhält 2 % Bonus auf den Umsatz<br>von Kindersitzen, Nettoumsatz | <br>6.800,00 € |
| 1.10 | Eine Kinderwiege weist kleine Kratzer auf. Die Firma Liebler gewährt<br>einen Nachlass von 20 %, Gutschrift | <br>????? € |

## 2. Belege

Beleg 1:

**HOLZ ENGLERT e. Kfm.**
An der Maas 2 • 63768 Hösbach
E-Mail: info@englert.xyz
Telefon: 06021 5448 • Fax: 06021 5695

FSC- und PEFC-zertifiziert

Holz Englert • An der Maas 2 • 63768 Hösbach

Christiane Liebler
Gemündener Straße 123
97816 Lohr

**Rechnung**

| | |
|---|---|
| Seite: | 1/1 |
| Rechnungs-Nr.: | 0780 |
| Datum: | 05. Oktober 20.. |
| Lieferdatum: | 04. Oktober 20.. |
| Kunden-Nr.: | 0908 |
| Bestellung: | 02. Oktober 20.. |

| Menge | Artikel | Einzelpreis | Gesamtpreis |
|---|---|---|---|
| 10 m$^3$ | Buchenholz | 300,00 Euro | 3.000,00 Euro |
| | | – 10 % Rabatt | 300,00 Euro |
| | | Nettobetrag | 2.700,00 Euro |
| | | + 19 % USt. | 513,00 Euro |
| | | **Rechnungsbetrag** | **3.213,00 Euro** |

Zahlung innerhalb von 60 Tagen rein netto.
Bei Bezahlung innerhalb von 10 Tagen gewähren wir 3 % Skonto.
Die gelieferte Ware bleibt bis zur vollständigen Bezahlung unser Eigentum.
Bankverbindung: Sparbank Hösbach • BLZ 750 320 85 • Kontonummer: 503061
Ernst Englert, e. Kfm. • Aschaffenburg HRA 1308 • USt-IdNr. DE285004530 • St.-Nr. 9204/228/33333

Beleg 2:

**Kontoauszug** Kontonummer: 720 615 Auszug: 39 **Sparbank Lohr**
IBAN DE27700980150000720615 Datum: 16. 10. 20.. Blatt: 01
BIC SPBLDEFF

| Vorgang/Buchungsinformation | Buchung | Wertstellung | Umsatz in Euro |
|---|---|---|---|
| Überweisung an Fa. Holz Englert für Rechnung 0780 vom 05. Oktober 20.. abzüglich 3 % Skonto | 15. 10. | 15. 10. | 3.116,61 – |

Sparbank Lohr · D-97816 Lohr

Fa.
Christiane Liebler
Gemündener Straße 123
97816 Lohr

| | | |
|---|---|---|
| Zahlungseingänge | EUR | 0,00 + |
| Zahlungsausgänge | EUR | 3.116,61 – |
| Alter Kontostand | EUR | 14.000,00 + |
| Neuer Kontostand | EUR | 10.883,39 + |

Postanschrift: Sparbank Lohr, 97816 Lohr
Direkt-Service: Tel.: 0180 506070 · Telefax: 09352 657085
Telefon-Banking: Tel.: 0180 504030 · E-Mail: sparbank@lohr.xyz
Erreichbarkeit: 7x24 Stunden · Internet: http://www.sparbank.xyz
Bankleitzahl 700 980 15

2.1 Bilde den Buchungssatz für **Beleg 1**.

2.2 Um welchen Werkstoff handelt es sich bei dieser Rechnung?

2.3 Holz Englert liefert „ab Werk". Welche der folgenden Aussagen treffen zu?

2.3.1 Holz Englert übernimmt die gesamten Beförderungskosten.

2.3.2 Holz Englert übernimmt die Transportkosten ab Werk.

2.3.3 Die Beförderungskosten sind im Rechnungspreis enthalten.

2.3.4 Die Beförderungskosten gehen zu Lasten von Firma Liebler.

2.3.5 Das Unternehmen Liebler muss zwar die Fracht, nicht aber das Rollgeld zahlen.

2.3.6 Firma Liebler muss die gesamten Transportkosten ab Werk tragen.

2.3.7 Holz Englert und Firma Liebler teilen sich die Transportkosten.

2.4 Erkläre die rechtliche Bedeutung des Eigentumsvorbehalts.

2.5 Ein $m^3$ Buchenholz entspricht nicht der gewünschten Qualität. Es erfolgt eine Rücksendung. Holz Englert schreibt den entsprechenden Betrag gut. Bilde den Buchungssatz.

2.6 Wie lautet der Buchungssatz zu **Beleg 2**?

2.7 Das Unternehmen Englert gewährt Skonto und Rabatt. Erkläre den Unterschied.

2.8 Beleg 1 und 2 enthalten wichtige Nummern. Finde folgende Nummern:
Rechnungsnummer,
Kundennummer,
Kontonummer von Fa. Holz Englert,
Bankleitzahl der Sparbank Lohr.

## 3. Umsatzsteuer

| S | 2600 VORST | | H |
|---|---|---|---|
| 4400 | 530,00 | 4400 | 36,00 |
| 2880 | 50,00 | | |

| S | 4800 UST | | H |
|---|---|---|---|
| 2400 | 120,00 | 2400 | 1.290,00 |
| | | 2400 | 940,00 |

3.1 Ermittle die Höhe der Zahllast.

3.2 Wie lautet der Buchungssatz für die Banküberweisung der Zahllast?

3.3 Nenne zwei umsatzsteuerfreie Umsätze.

3.4 Was versteht man unter der Umsatzsteuervoranmeldung?

## 4. Tabellenkalkulation

Das Möbelhaus Buchner in Gemünden erteilt einen Auftrag über 5 Kinderzimmer „Junior 3000“. Dazu liegt folgendes unvollständiges Rechenblatt vor: (Die Beträge beziehen sich auf **ein** Kinderzimmer.)

| | A | B | C |
|---|---|---|---|
| 1 | Selbstkostenpreis | | 1.000,00 € |
| 2 | + Gewinn | ????? | ????? € |
| 3 | Barverkaufspreis | | 1.323,00 € |
| 4 | + Kundenskonto | ????? | ????? € |
| 5 | Zielverkaufspreis | | 1.350,00 € |
| 6 | + Kundenrabatt | 10 % | 150,00 € |
| 7 | Listenverkaufspreis | | ????? € |

4.1 Ergänze die fehlenden Werte im Rechenblatt (Eurobeträge und Prozentsätze).

4.2 Welche Formel musste zur Berechnung des Kundenrabatts in Zelle C6 eingegeben werden?

4.3 Bilde den Buchungssatz für die Ausgangsrechnung an das Möbelhaus Buchner (Umsatzsteuer 19 %).

4.4 Das Möbelhaus Buchner begleicht die Rechnung innerhalb der Skontofrist durch Banküberweisung. Wie bucht Firma Liebler diesen Vorgang?

## 5. Fragen

Eine Praktikantin aus der Realschule Karlstadt bittet um Hilfe bei der Bearbeitung folgender Übungsaufgaben zur Vorbereitung auf die nächste Schulaufgabe.

Ordne folgende Begriffe den nachstehenden Aussagen zu:

***Erträge, Im GuV-Konto, Das Umlaufvermögen, Die Erfolgskonten, Verluste, Das Anlagevermögen, Der Erfolg, Privateinlagen, Das Fremdkapital***

5.1 ... mindern das Eigenkapital.

5.2 ... werden in der Kontenklasse 5 erfasst.

5.3 ... werden Aufwendungen und Erträge erfasst.

5.4 ... werden über das GuV-Konto abgeschlossen.

5.5 ... ist nach der Dauer der Nutzbarkeit geordnet.

5.6 ... kann durch Kapitalvergleich ermittelt werden.

5.7 ... findet man in der Kontenklasse 4.

5.8 ... ist nach dem Grad der Liquidität geordnet.

5.9 ... vermehren das Eigenkapital.

**Lösung 40-Minuten-Test**

# 45-Minuten-Test

Das Unternehmen **Lederwaren Braun**, Haibacher Straße, Hösbach, produziert Ledertaschen von hoher Qualität. Zur Erweiterung des Sortiments bietet Braun zusätzlich Lederkleidung an.

Informationen zum Unternehmen:

| | |
|---|---|
| **Inhaber** | Peter Braun e. Kfm. |
| **Rechtsform** | Einzelunternehmen |
| **Anschrift (Firmensitz)** | Haibacher Straße 12, 63768 Hösbach |
| **Unternehmenszweck** | Produktion von Lederwaren |
| **Handelsregister** | Registergericht Aschaffenburg Nr. 2000/9 |
| **Mitarbeiterzahl** | 80 Mitarbeiter (20 Angestellte, 60 Arbeiter) |
| **Absatzgebiete** | Deutschland, Europa |
| **Werkstoffe, Handelswaren** | |
| **Rohstoffe** | Rohleder |
| **Fremdbauteile** | Reißverschlüsse |
| **Hilfsstoffe** | Futterstoffe, Nieten, Faden, Farben |
| **Betriebsstoffe** | Strom, Gas, Wasser, Schmierstoffe, … |
| **Handelswaren** | Lederkleidung (Hosen, Jacken, Handschuhe) |

Als Mitarbeiterin/Mitarbeiter in der Abteilung Rechnungswesen hast du folgende Arbeitsaufträge zu erledigen.

## 1. Bilde die Buchungssätze für folgende Geschäftsfälle (USt. 19 %):

| | | |
|---|---|---|
| 1.1 | Eingangsrechnung für Futterstoffe, netto<br>abzüglich 10 % Rabatt<br>zuzüglich Fracht, brutto | 3.500,00 €<br><br>178,50 € |
| 1.2 | Die Futterstoffe aus Nr. 1 weisen kleine Farbmängel auf.<br>Der Lieferer gewährt eine Gutschrift in Höhe von netto | 300,00 € |
| 1.3 | Banküberweisung des Rechnungsbetrages aus Nr. 1.1 | ????? € |
| 1.4 | Zielkauf von 50 Lederhosen, Stückpreis netto | 120,00 € |
| 1.5 | 10 Lederhosen (siehe 1.4) wurden in falscher Größe geliefert.<br>Es erfolgt eine Rücksendung und eine Gutschrift<br>des entsprechenden Betrags. | ????? € |
| 1.6. | Ausgangsrechnung für Damenhandtaschen, netto<br>zuzüglich dem Kunden in Rechnung gestellte Verpackung, brutto | 6.500,00 €<br>214,20 € |
| 1.7 | Der Kunde (siehe Nr. 1.6) sendet die Verpackung zurück.<br>Braun schreibt 80 % gut. | ????? € |
| 1.8 | Der Lieferer für Lederbekleidung gewährt eine<br>Umsatzrückvergütung von 1 % auf den Bruttoumsatz von | 26.180,00 € |

## 2. Bilde die erforderlichen Buchungssätze zu folgendem Beleg:

**Kontoauszug** Kontonummer: 950 245 Auszug: 36 **Stadtbank Hösbach**
IBAN DE72760820450000950245 Datum: 07. 07. 20.. Blatt: 01
BIC STBHDEFF

| Vorgang/Buchungsinformation | Buchung | Wertstellung | Umsatz in Euro |
|---|---|---|---|
| Gutschrift – Miete für Juli von T. Moos | 01. 07. | 01. 07. | 2.975,00 + |
| Lastschrift – Kontoführungsgebühren vom 01. 04. 20.. bis 30. 06. 20.. | 02. 07. | 02. 07. | 15,00 – |
| Lastschrift – Fachzeitschrift Leder-Design Abonnementgebühren 20.. | 05. 07. | 05. 07. | 192,60 – |
| Lastschrift – IHK Beitrag 20.. | 06. 07. | 06. 07. | 415,69 – |

Stadtbank Hösbach · D-63768 Hösbach
Fa.
Peter Braun, Lederwaren
Haibacher Straße 12
63768 Hösbach

| | | |
|---|---|---|
| Zahlungseingänge | EUR | 2.975,00 + |
| Zahlungsausgänge | EUR | 623,29 – |
| Alter Kontostand | EUR | 12.350,00 + |
| Neuer Kontostand | EUR | 14.701,71 + |

Postanschrift: Stadtbank Hösbach 63768 Hösbach
Direkt-Service: Tel.: 0180 706044 Telefax: 06021 253545
Telefon-Banking: Tel.: 0180 704055 E-Mail: info@stadtbank.xyz
Erreichbarkeit: 7x24 Stunden Internet: http://www.stadtbank.xyz
Bankleitzahl 760 820 45

## 3. Tabellenkalkulation

Für ein Angebot von 50 Lederjacken aus Offenbach wurde folgendes Rechenblatt erstellt. Leider ist es fehlerhaft und unvollständig.

| | A | B | C |
|---|---|---|---|
| 1 | Listeneinkaufspreis | | 6.000,00 € |
| 2 | – Liefererrabatt | 20 % | 1.200,00 € |
| 3 | ????? | | 4.800,00 € |
| 4 | – Liefererskonto | ????? | 96,00 € |
| 5 | Bareinkaufspreis | | = C2 + B5 € |
| 6 | + Bezugskosten | | 150,00 € |
| 7 | Bezugspreis | | ????? € |

3.1 Wie lautet die fehlende Eintragung in Zelle A3?

3.2 Berechne den Skonto in Prozenten.

3.3 Die Formel in Zelle C5 enthält zwei Fehler. Stelle die Formel richtig.

3.4 Wie lautet die Formel für die Berechnung des Bezugspreises in Zelle C7?

3.5 Ein Anbieter aus Italien bietet gleichwertige Lederjacken zu folgenden Bedingungen: Listenpreis je Lederjacke 110,00 €, 10 % Rabatt, Fracht insgesamt 200,00 €.

3.5.1 Ermittle das günstigste Angebot.

3.5.2 Bilde den Buchungssatz für die Eingangsrechnung für das günstigere Angebot (Umsatzsteuer 19 %).

## 4. Buchungslesen

Finde die Geschäftsfälle zu folgenden Buchungssätzen:

| | | | | | |
|---|---|---|---|---|---|
| 4.1 | 6030 AWB | 450,00 € | | | |
| | 2600 VORST | 85,50 € | an | 4400 VE | 535,50 € |
| 4.2 | 4800 UST | | an | 2800 BK | 2.234,00 € |
| 4.3 | 2400 FO | | an | 8000 EBK | 12.500,00 € |
| 4.4 | 4400 VE | 3.570,00 € | an | 2800 BK | 3.462,90 € |
| | | | | 6012 NF | 90,00 € |
| | | | | 2600 VORST | 17,10 € |
| 4.5 | 0500 UGR | | an | 3001 P | 15.000,00 € |
| 4.6 | 5400 EMP | | an | 8020 GUV | 1.700,00 € |
| 4.7 | 6040 AWVM | 450,00 € | | | |
| | 2600 VORST | 85,50 € | an | 4400 VE | 535,50 € |
| 4.8 | 2800 BK | 10.281,60 € | | | |
| | 5001 EBFE | 360,00 € | | | |
| | 4800 UST | 68,40 € | an | 2400 FO | 10.710,00 € |
| 4.9 | 8000 EBK | | an | 4400 VE | 5.980,00 € |

## 5. Erfolgsermittlung

| S | 3000 EK | | H |
|---|---|---|---|
| 3001 | 4.500,00 | 8000 | 125.000,00 |

| S | 8020 GUV | | H |
|---|---|---|---|
| 6000 | 27.700,00 | 5000 | 55.000,00 |
| 6010 | 850,00 | 5100 | 23.400,00 |
| 6020 | 1.700,00 | 5400 | 1.200,00 |
| 6030 | 2.250,00 | | |
| 6080 | 14.000,00 | | |
| 6140 | 1.200,00 | | |
| 6730 | 900,00 | | |
| 6870 | 2.500,00 | | |

5.1 Ermittle Art und Höhe des Erfolgs.

5.2 Nenne eine weitere Möglichkeit der Erfolgsermittlung.

5.3 Welcher Vorgang liegt der Eintragung auf der Sollseite des Eigenkapitalkontos zugrunde?

5.4 Handelt es sich bei diesem Saldo von 4.500,00 € um Entnahmen oder Einlagen?

5.5 Schließe das Konto 8020 GUV und das Konto 3000 EK ordnungsgemäß ab.

5.6 Bilde die erforderlichen Abschlussbuchungen für die beiden Konten.

## 6. Kontenabschluss

Beim Kontenabschluss sind der Auszubildenden Sandra Flink einige Fehler unterlaufen. Stelle die falschen Abschlussbuchungen richtig.

| | | | | |
|---|---|---|---|---|
| 6.1 | 6000 AWR | an | 6001 BZKR | 1.500,00 € |
| 6.2 | 6020 AWH | an | 6022 NH | 550,00 € |
| 6.3 | 8010 SBK | an | 2800 BK | 12.680,00 € |
| 6.4 | 8020 GUV | an | 5100 UEHW | 23.000,00 € |
| 6.5 | 5001 EBFE | an | 5000 UEFE | 1.200,00 € |
| 6.6 | 6870 WER | an | 8020 GUV | 980,00 € |
| 6.7 | 4800 UST | an | 8010 SBK | 1.250,00 € |

## 7. Fragen

7.1 Lederwaren Braun hat sich für die Rechtsform einer Einzelunternehmung entschieden. Nenne zwei weitere mögliche Rechtsformen.

7.2 Was versteht man unter einer Just-in-time-Produktion?

7.3 Erkläre den Unterschied zwischen Grunderwerbsteuer und Grundsteuer.

7.4 Welche der folgenden Vorgehensweisen sind nach den Grundsätzen ordnungsmäßiger Buchführung nicht erlaubt? Begründe deine Entscheidung.

7.4.1 Das Unternehmen übergibt die Buchführung einem Steuerberater.

7.4.2 Das Fertigungsunternehmen erstellt die Buchführung in japanischer Sprache.

7.4.3 Die Firma vernichtet die Inventare nach 5 Jahren.

7.4.4 Zur Zeitersparnis werden Bilanzen alle 2 Jahre erstellt.

7.4.5 Die Belege werden auf elektronischen Datenträgern gespeichert.

7.4.6 Für verlorene Belege werden Ersatzbelege ausgestellt.

**Lösung 45-Minuten-Test**

Lösung 45-Minuten-Test (Fortsetzung)

**Lösung 45-Minuten-Test (Fortsetzung)**

| S | 3000 EK | H |
|---|---|---|

| S | 8020 GUV | H |
|---|---|---|

# Kontenplan (nach dem Industriekontenrahmen – IKR) und Abkürzungsverzeichnis

## AKTIVA

### KONTENKLASSE 0 Sachanlagen

05 Grundstücke und Bauten
- **0500 UGR Unbebaute Grundstücke**
- **0510 BGR Bebaute Grundstücke**
- **0530 BVG Betriebs- und Verwaltungsgebäude**

07 Technische Anlagen und Maschinen
- **0700 MA Maschinen und Anlagen**

08 Betriebs- und Geschäftsausstattung
- **0840 FP Fuhrpark**
- **0860 BM Büromaschinen**
- **0870 BA Büroausstattung (Büromöbel und sonstige Geschäftsausstattung)**
- 0895 SP Sammelposten

### KONTENKLASSE 1 Finanzanlagen

13 Beteiligungen
- 1300 BET Beteiligungen

### KONTENKLASSE 2 Umlaufvermögen und aktive Rechnungsabgrenzung

**Vorräte**

20 Roh-, Hilfs- und Betriebsstoffe
- 2000 R Rohstoffe (Fertigungsmaterial)
- 2010 F Fremdbauteile
- 2020 H Hilfsstoffe
- 2030 B Betriebsstoffe

21 Unfertige Erzeugnisse
- 2100 UFE Unfertige Erzeugnisse

22 Fertige Erzeugnisse und Handelswaren
- 2200 FE Fertige Erzeugnisse
- 2280 HW Handelswaren

**Forderungen und sonstige Vermögensgegenstände**

24 Forderungen aus Lieferungen und Leistungen
- **2400 FO Forderungen aus Lieferungen und Leistungen**
- 2470 ZWFO Zweifelhafte Forderungen

26 Sonstige Vermögensgegenstände
- **2600 VORST Vorsteuer**
- 2690 SOFO Übrige sonstige Forderungen

27 Wertpapiere des Umlaufvermögens
- 2700 WP Wertpapiere des Umlaufvermögens

28 Flüssige Mittel
- **2800 BK Bank (Kontokorrentkonto)**
- **2880 KA Kasse**

29 Aktive Rechnungsabgrenzung
- 2900 ARA Aktive Rechnungsabgrenzung

## PASSIVA

### KONTENKLASSE 3 Eigenkapital und Rückstellungen

30 Eigenkapital
- **3000 EK Eigenkapital**
- **3001 P Privatkonto**

36 Wertberichtigungen
- 3670 EWB Einzelwertberichtigung (zu Forderungen)
- 3680 PWB Pauschalwertberichtigung (zu Forderungen)

38 Steuerrückstellungen

39 Sonstige Rückstellungen
- 3900 SORST Sonstige Rückstellungen

### KONTENKLASSE 4 Verbindlichkeiten und passive Rechnungsabgrenzung

42 Verbindlichkeiten gegenüber Kreditinstituten
- **4200 KBKV Kurzfristige Bankverbindlichkeiten (bis zu einem Jahr)**
- **4250 LBKV Langfristige Bankverbindlichkeiten**

44 Verbindlichkeiten aus Lieferungen und Leistungen
- **4400 VE Verbindlichkeiten aus Lieferungen und Leistungen**

48 Sonstige Verbindlichkeiten
- **4800 UST Umsatzsteuer**
- 4830 VFA Sonstige Verbindlichkeiten gegenüber dem Finanzamt
- 4840 VSV Verbindlichkeiten gegenüber Sozialversicherungsträgern
- 4890 SOVE Übrige sonstige Verbindlichkeiten

49 Passive Rechnungsabgrenzung
- 4900 PRA Passive Rechnungsabgrenzung

## ERTRÄGE

### KONTENKLASSE 5 Erträge

50 Umsatzerlöse für eigene Erzeugnisse
- * **5000 UEFE Umsatzerlöse für eigene Erzeugnisse (Fertigerzeugnisse)**
- **5001 EBFE Erlösberichtigungen eigene Erzeugnisse (Fertigerzeugnisse)**

51 Umsatzerlöse für Handelswaren
- * **5100 UEHW Umsatzerlöse für Handelswaren**
- **5101 EBHW Erlösberichtigungen Handelswaren**

52 Erhöhung oder Verminderung des Bestandes an unfertigen und fertigen Erzeugnissen
- * 5200 BV Bestandsveränderungen

Die farbig gedruckten Konten werden in der 8. Jahrgangsstufe benötigt.

## für den Gebrauch an Bayerischen Realschulen

54 Sonstige betriebliche Erträge

| | | | |
|---|---|---|---|
| | **5400** | **EMP** | **Erträge aus Vermietung und Verpachtung** |
| | 5410 | EAAV | Erlöse aus dem Abgang von Gegenständen des Anlagevermögens |
| * | 5430 | ASBE | Andere sonstige betriebliche Erträge |
| | 5450 | EAWB | Erträge aus der Auflösung oder Herabsetzung von Wertberichtigungen auf Forderungen |
| | 5460 | EAVG | Erträge aus dem Abgang von Vermögensgegenständen |
| | 5490 | PFE | Periodenfremde Erträge |
| | 5495 | EFO | Erträge (Zahlungseingänge) aus abgeschriebenen Forderungen |

57 Zinsen und ähnliche Erträge

| | | | |
|---|---|---|---|
| | 5710 | ZE | Zinserträge |
| | 5780 | DDE | Dividendenerträge (Erträge aus Wertpapieren des Umlaufvermögens) |
| | 5784 | EAWP | Erträge aus dem Abgang von Wertpapieren des Umlaufvermögens |

## AUFWENDUNGEN

### KONTENKLASSE 6 Betriebliche Aufwendungen

**Materialaufwand**

60 Aufwendungen für Roh-, Hilfs-, Betriebsstoffe, Fremdbauteile und Handelswaren

| | | | |
|---|---|---|---|
| * | **6000** | **AWR** | **Aufwendungen für Rohstoffe (Fertigungsmaterial)** |
| | **6001** | **BZKR** | **Bezugskosten Rohstoffe** |
| | **6002** | **NR** | **Nachlässe Rohstoffe** |
| * | **6010** | **AWF** | **Aufwendungen für Fremdbauteile** |
| | **6011** | **BZKF** | **Bezugskosten Fremdbauteile** |
| | **6012** | **NF** | **Nachlässe Fremdbauteile** |
| * | **6020** | **AWH** | **Aufwendungen für Hilfsstoffe** |
| | **6021** | **BZKH** | **Bezugskosten Hilfsstoffe** |
| | **6022** | **NH** | **Nachlässe Hilfsstoffe** |
| * | **6030** | **AWB** | **Aufwendungen für Betriebsstoffe** |
| | **6031** | **BZKB** | **Bezugskosten Betriebsstoffe** |
| | **6032** | **NB** | **Nachlässe Betriebsstoffe** |
| * | **6040** | **AWVM** | **Aufwendungen für Verpackungsmaterial** |
| * | **6080** | **AWHW** | **Aufwendungen für Handelswaren** |
| | **6081** | **BZKHW** | **Bezugskosten Handelswaren** |
| | **6082** | **NHW** | **Nachlässe Handelswaren** |

61 Aufwendungen für bezogene Leistungen

| | | | |
|---|---|---|---|
| * | **6140** | **AFR** | **Ausgangsfrachten** |
| * | **6160** | **FRI** | **Fremdinstandhaltung (Reparaturen)** |

**Personalaufwand**

62 Löhne

| | | | |
|---|---|---|---|
| * | 6200 | L | Löhne |

63 Gehälter

| | | | |
|---|---|---|---|
| * | 6300 | G | Gehälter |

64 Soziale Abgaben

| | | | |
|---|---|---|---|
| * | 6400 | AGASV | Arbeitgeberanteil zur Sozialversicherung |
| * | 6420 | BBG | Beiträge zur Berufsgenossenschaft |

**Abschreibungen auf Anlagevermögen**

65 Abschreibungen

| | | | |
|---|---|---|---|
| * | 6520 | ABSA | Abschreibungen auf Sachanlagen |
| * | 6545 | ABSP | Abschreibung auf Sammelposten |

**Sonstige betriebliche Aufwendungen**

67 Aufwendungen für die Inanspruchnahme von Rechten und Diensten

| | | | |
|---|---|---|---|
| * | **6700** | **AWMP** | **Mieten, Pachten** |
| * | **6710** | **LS** | **Leasing** |
| * | **6730** | **GEB** | **Gebühren** |
| * | **6750** | **KGV** | **Kosten des Geldverkehrs** |
| * | **6770** | **RBK** | **Rechts- und Beratungskosten** |

68 Aufwendungen für Kommunikation

| | | | |
|---|---|---|---|
| * | **6800** | **BMK** | **Büromaterial und Kleingüter** |
| * | **6810** | **ZFL** | **Zeitungen und Fachliteratur** |
| * | **6820** | **PUK** | **Post- und Kommunikationsgebühren** |
| * | **6850** | **REK** | **Reisekosten** |
| * | **6870** | **WER** | **Werbung** |

69 Aufwendungen für Beiträge und Sonstiges sowie Wertkorrekturen

| | | | |
|---|---|---|---|
| * | **6900** | **VBEI** | **Versicherungsbeiträge** |
| * | **6920** | **BWB** | **Beiträge zu Wirtschaftsverbänden und Berufsvertretungen** |
| | **6930** | **VSF** | **Verluste aus Schadensfällen** |
| | 6950 | ABFO | Abschreibungen auf Forderungen |
| | 6960 | VAVG | Verluste aus dem Abgang von Vermögensgegenständen |
| | 6990 | PFAW | Periodenfremde Aufwendungen |

### KONTENKLASSE 7 Weitere Aufwendungen

70 Betriebliche Steuern

| | | | |
|---|---|---|---|
| * | **7000** | **GWST** | **Gewerbesteuer** |
| * | **7020** | **GRST** | **Grundsteuer** |
| * | **7030** | **KFZST** | **Kraftfahrzeugsteuer** |

74 Verluste aus dem Abgang von Wertpapieren des Umlaufvermögens

| | | | |
|---|---|---|---|
| | 7460 | VAWP | Verluste aus dem Abgang von Wertpapieren des Umlaufvermögens |

75 Zinsen und ähnliche Aufwendungen

| | | | |
|---|---|---|---|
| * | **7510** | **ZAW** | **Zinsaufwendungen** |

## ERGEBNISRECHNUNGEN

### KONTENKLASSE 8 Ergebnisrechnungen

80 Eröffnung/Abschluss

| | | | |
|---|---|---|---|
| | **8000** | **EBK** | **Eröffnungsbilanzkonto** |
| | **8010** | **SBK** | **Schlussbilanzkonto** |
| | **8020** | **GUV** | **GuV-Konto** |

### KONTENKLASSE 9 Kosten- und Leistungsrechnung (KLR)

| | | |
|---|---|---|
| 90 | NAWE | Neutrale Aufwendungen und Erträge |
| 91 | KKOR | Kostenrechnerische Korrekturen |
| 92 | KL | Kosten und Leistungen |

* Kennzeichnung für Konten, die in die Kosten- und Leistungsrechnung eingehen.

Die farbig gedruckten Konten werden in der 8. Jahrgangsstufe benötigt.